99 FANTASMES À RÉALISER POUR VOUS RENDRE UNIQUE

Margot Saint-Loup

99 FANTASMES À RÉALISER POUR VOUS RENDRE UNIQUE

Marabout

Sommaire

III. Notre bouche, porte d'entrée de ses plaisirs

IV. Les positions qu'il espère... sans oser les demander

V. Maintenir et relancer son désir

Préliminaires

Allez, quoi ! On est entre filles. Alors soyez honnête : vous n'avez jamais rêvé d'être dans la tête d'un homme, de *votre* homme de préférence, ne serait-ce que quelques instants ? Comme ça, comme les petites souris coquines que vous êtes, juste pour voir ? Que peut-il bien penser quand il aperçoit un sein sur la plage, une vedette de cinéma en tenue d'Ève sur la couverture de votre magazine, ou bien quand les héros s'embrassent langoureusement à la toute fin du film ? Vous n'êtes pas curieuse ? Vraiment ?

Et si je vous dis que, contre 19 % en moyenne chez les femmes, près de 60 % des hommes pensent plusieurs fois par jour au sexe ? Non, pas juste au chaste bisou que vous vous faites le matin en vous levant, du style : « Bonjour, ma chérie. » Non. Au sexe, au cul, à l'amour physique, le vrai, celui qui transporte, qui chavire, qui électrise. Un amour dans tous les sens, sous toutes les formes et en tout lieu. Du sexe tellement débridé que même vous, du haut de votre grande expérience de Vénus domestique, vous pourriez en rougir.

Et si je poursuis en vous disant qu'il y a de fortes chances que l'homme qui partage vos jours et vos nuits, votre prince charmant rien qu'à vous, soit lui aussi un obsédé de la pire – ou de la meilleure – espèce ? Toujours pas tentée ?

Pourtant, si vous voulez conserver à vos côtés un homme amoureux et attentionné, il va falloir vous faire à cette idée, mes petites chattes : chaque fois qu'il pense « sexe », votre homme ne se représente pas seulement vos bons gros câlins ordinaires du samedi soir. Désolée si cela ne vous semble pas très compatible avec votre conception moderne des rapports homme-femme, ce n'en est pas moins vrai. Moi qui me balade depuis quelques décennies dans la tête des mâles comme s'il s'agissait d'une annexe de ma maison, je peux vous le garantir…

Il faut reconnaître en effet que, si trop d'hommes négligent la complexité de notre anatomie, nous sommes au moins autant de femmes à tout ignorer du bouillonnement intérieur de ces messieurs. Et pour bouillonner, ça bouillonne ! Parce que les hommes jouissent – en apparence – avec une facilité que nous leur envions, nous avons tendance à croire que tout ce qui se passe en amont, c'est-à-dire la montée du désir, est d'une égale simplicité. Or, on ne comprend rien à la mécanique sexuelle des hommes si l'on n'admet pas que pour tenir une distance, même modeste, le mâle a besoin d'une énorme quantité de carburant : ses fantasmes.

Là où les moteurs de nos carrosses à quatre roues n'admettent souvent qu'un seul type de combustible, le psychisme masculin peut au contraire – ah ! les heureux hommes ! – faire feu de tout bois. Une paire de fesses, un sourire, une toison pubienne entraperçue ou un téton qui pointe sous le T-shirt : il lui en faut peu, en un sens, mais beaucoup de ces petits « peu », pour être excité. Mais, au fait… « un » téton ? « une » paire de fesses ? Est-ce à dire que vos seins ou vos fesses à vous ne seraient pas les seules étincelles susceptibles d'enflammer cet amadou sensuel qu'est votre homme ? Que n'importe lequel de ces attributs, étrangers, anonymes, y suffirait ?

Le premier spécimen que je réussis à percer à jour ne me donna que peu de fil à retordre. Il me suffisait de suivre les tangentes dessinées par son regard, lorsque nous nous promenions dans la rue, pour deviner ce qui pouvait l'émoustiller. Son truc à lui, c'était les cuisses et la naissance des fesses dénudées par les minijupes. Dès qu'une fille ainsi court vêtue passait à proximité, je sentais ses yeux et son esprit vagabonder à sa suite, invariablement, de manière aussi constante qu'irrésistible. Et, plutôt que de lui en faire le reproche, plutôt que de lutter en vain contre ses millions de fantasmes en puissance auxquels la vie l'exposait chaque jour, j'ai compris que le meilleur moyen d'user de cette énergie sexuelle à mon profit exclusif était encore de m'inscrire autant que possible dans ses fantasmes. On ne détourne pas le cours d'un fleuve ; on apprend à naviguer dessus. Cherchez à le canaliser, et il débordera à la première crue. En clair, il ira voir ailleurs…

C'est à ce voyage mouvementé que je vous invite aujourd'hui. Attention, je vous aurai prévenue, cela ne sera pas sans remous. Ça tabasse dur, dans la libido de ces messieurs ! Peut-être n'arriverez-vous pas à tout admettre tout de suite, sans doute serez-vous surprise, décontenancée, parfois même un peu choquée… C'est pour cela que j'ai aménagé pour vous dix étapes, dix bouées auxquelles vous raccrocher afin de progresser en douceur et de devenir *la* maîtresse qu'il n'oubliera pas. Son havre sensuel, son ultime destination.

Il vous faudra renoncer aussi, dès le début de ce périple, à vouloir tout contrôler. Encore une fois, on ne domestique pas une eau vive. Au mieux apprend-on à exploiter une petite part de son énergie.

Moi-même, j'ai mis quelques années à comprendre comment fantasmaient les hommes de ma vie. Ce ne fut pas toujours facile. Pourtant, malgré les aléas de nos relations, nous en avons à chaque fois conservé – moi, mais eux plus encore – d'impérissables souvenirs. Ce sont ces secrets que j'ai choisi de partager avec vous. Ceux qui ont fait de moi une maîtresse unique en son genre et d'eux, j'ai la vanité de le croire, des amants comblés.

Alors, prête à embarquer ?

Ce qu'il faut attendre de ce livre... et ce qu'il ne faut pas trop en espérer !

Si je vous invite à ce voyage au pays de la sexualité masculine, ce n'est pas uniquement par grandeur d'âme, je l'avoue. C'est aussi parce que les bonnes maîtresses font des amants satisfaits, qui seront eux-mêmes plus attentifs à l'avenir avec les autres femmes... dont je ferai peut-être partie un jour, qui sait ? Bon, d'accord, je ne ferai pas ma peste ni ma semeuse de zizanie conjugale : je vous le laisse, votre chéri ! Pas touche, c'est promis !

Par ailleurs, vous constaterez assez vite que les 99 fantasmes masculins que j'ai répertoriés ici, parmi les plus fréquents et les plus puissants, ne s'appliquent pas nécessairement à l'ensemble de la gent masculine. Chaque homme a connu, au cours de sa petite enfance, un éveil des sens qui lui est propre. Tel chérubin barbu gardera du temps béni de ses nourrices aux généreuses mamelles un goût tout particulier pour les poitrines abondantes, tel autre aura fixé son désir sur les dessous qu'une voisine exposait négligemment à tous les vents, dans son jardin... Il existe autant de sexualités masculines qu'il y a d'histoires et de souvenirs singuliers, autant de fantasmes qu'il y a eu, pour celui qui les porte, d'occasions de les façonner. Et, vous l'avez déjà compris, ce ne sont pas les occasions qui leur manquent...

Ne soyez donc pas surprises, chères sœurs en libido, si telle ou telle suggestion ne semble pas provoquer sur votre Apollon les effets escomptés. Il ne saurait y avoir, en matière de sexe, une formule unique et gagnante à tous les coups. Il est bien question ici de fantasmes, pas d'incantations magiques qu'il suffirait de répéter comme des mantras. Il va donc vous falloir essayer, tâtonner, tenter encore et encore. Mais, si vous touchez juste, soyez-en sûres, vos efforts seront plus que largement récompensés : rien de plus reconnaissant et docile qu'un homme dont vous aurez chatouillé avec dextérité le nerf érotique ! Un homme repu sexuellement, mais ponctuellement, se sent redevable, quoi ? Cinq minutes ? Dix ? Un gros quart d'heure ? En revanche, un homme dont vous réalisez les fantasmes vous est acquis à vie. Ça vaut le coup de s'accrocher un peu, non ?

Avant de partir bille en tête dans la lecture et l'application scolaire des pages qui suivent, posez-vous d'abord ces quelques questions élémentaires quant au profil sensuel de votre partenaire.

• Quelles sont les zones les plus sensibles de son corps ? Les avez-vous identifiées ? Si tel n'est pas le cas, munissez-vous d'une plume ou d'un simple foulard en soie que vous ferez courir sur toute la surface de sa peau.

• De manière générale, prend-il plus de plaisir à regarder ou à être vu ? Ou aime-t-il aussi bien l'un que l'autre ?

• De la vue, du toucher, de l'odorat, du goût ou de l'ouïe, quels sens sont chez lui les plus développés ? Vous souvenez-vous de certains détails qui, lors de vos précédents rapports, illustrent cette dominante ?

• Quelles sont les parties du corps féminin pour lesquelles il professe un goût particulier ?

• Voue-t-il un culte spécifique à certains vêtements, accessoires ou pièces de lingerie issus de votre penderie ?

• Connaissez-vous ses comédiennes, ses chanteuses ou sportives préférées ? Ont-elles des caractéristiques communes ?

• A-t-il une facilité à parler de ce qu'il aime et de ce qu'il ressent en matière de sexe, ou a-t-il au contraire du mal à se confier ?

• Lors de vos rapports, manifeste-t-il un besoin de dominer ou, au contraire, de s'abandonner ? Aime-t-il les deux ?

Les réponses que vous apporterez à ces questions dessineront de grandes orientations qui vous aideront, au fil de votre lecture, à piocher dans la boîte à fantasmes qu'est cet ouvrage.

Mais attention ! si vous ne devez bien sûr pas forcer votre homme, vous ne devez surtout pas vous forcer vous-même ! Il n'est rien de pire qu'un fantasme vécu dans la contrainte. Pour que ces jeux soient un facteur de rapprochement entre vous, vous devez impérativement y trouver votre part de satisfaction. On n'assouvit pas le fantasme de son partenaire dans le but unique de « lui faire plaisir », par dévouement ou, pire encore, par abnégation. Ainsi, pour que votre petite mise en scène ait tous les accents de la sincérité, vous devez y prendre vous aussi un minimum – que dis-je ? un maximum ! – de plaisir. N'oubliez jamais que, chez l'homme, est fantasmatique tout ce qui peut affirmer son pouvoir phallique et sa virilité et, par conséquent, tout ce qui contribuera à votre jouissance. En d'autres termes, contrairement à une idée reçue, rien ne le satisfait davantage que votre propre satisfaction !

Dit comme ça, le programme semble idéal, mais rien n'est aussi simple, bien sûr. D'où l'importance de consacrer du temps – et de la patience – à chacune de vos tentatives…

I. Parler de ses fantasmes, c'est déjà les assouvir un peu

1 **Dessine-moi un fantasme.** Comme sa langue peine à se délier et que vous le sentez sur la défensive, peut-être un peu déstabilisé par les initiatives que vous voulez prendre, proposez-lui un petit jeu pour entrer doucement en matière. Avant tout, rassurez-le : « Non, mon chéri, il ne s'agit pas de t'infantiliser ! » Sauf goût très spécifique pour le maternage (→ 79), les hommes apprécient assez peu que vous les traitiez en petits garçons.
Proposez-lui de représenter le fantasme qui occupe le plus souvent son esprit, ces temps-ci, sous la forme d'un dessin. S'il n'a pas le coup de crayon d'un Michel-Ange, ce n'est pas bien grave : l'essentiel est que les principaux protagonistes soient identifiables et que le rôle de chacun d'eux soit facile à décrypter. Couleur ou noir et blanc, feutres ou stylos, peu importe. En principe, la règle stipule que ce croquis doit être vierge de tout texte ou de tout commentaire écrit. Ce n'est pas non plus une bande dessinée, alors bannissez les bulles ! Il n'y arrive pas ? Il ne voit pas l'intérêt ? Faites-vous alors complice, et non pas maîtresse d'école : prenez à votre tour une feuille et quelques crayons, et gribouillez les images érotiques qui vous hantent. Pas question pour lui, bien sûr,

de copier sur votre propre création, mais voir le naturel avec lequel vous vous engagez dans cette petite activité devrait faire tomber ses dernières préventions…
Une fois sa copie rendue, passez à la phase commentaires. Ne le notez pas : il ne s'agit pas de lui donner une gratification ou une sanction, juste de comprendre le message qu'il a cherché à vous faire passer. Car il s'agit bien de cela : comme le Petit Prince arrive à voir le mouton sous le drap, vous devez comprendre ce que cachent les efforts picturaux de votre partenaire. Oh ! bien sûr, n'est pas Freud qui veut, mais, sans prétendre à une analyse en bonne et due forme, un dialogue peut alors s'instaurer entre vous. Maligne comme vous êtes, vous saurez vous saisir de ce prétexte pour lui faire dire ces quelques mots dont il est d'ordinaire si avare…

2 **Froid, chaud… et très *hot* !** Que celle qui n'a jamais joué à ce jeu étant gamine enlève la première sa petite culotte ! Non ? Vraiment ? Je vous en rappelle le principe, fort simple.
Demandez d'abord à votre moitié de se concentrer sur l'un de ses fantasmes, de préférence celui qui l'excite le plus actuellement. Et pas de triche, hein ! C'est bon ? Monsieur a dans l'œil cet éclat égrillard qui ne trompe pas ? Bien. Maintenant, à vous de jouer. Présentez-lui des images, des vêtements, des accessoires ou tout objet qui pourrait être évocateur, de manière directe ou indirecte, du fantasme qui est censé l'occuper à cet instant précis. Plus cet élément s'en approche, plus la température qu'il indique en retour doit être élevée : « glacial », « froid », « tiède », « chaud », « très chaud » et « bouillant ».
Pour pimenter un peu la séance, n'hésitez pas à utiliser ce que vous avez sur vous : votre corps et ses différents

attributs, évidemment, mais aussi les sous-vêtements que vous portez, les expressions de votre visage – vous avez déjà mimé une fellation, non ? –, etc. Tout ce qui peut contribuer à lier ce fantasme à vous sera bénéfique.

Et, comme tout jeu réussi mérite une récompense, n'oubliez pas d'établir dès le début quel sera son « gain ». Vous pouvez par exemple exiger de lui qu'il vous embrasse là où vous le souhaitez chaque fois que vous êtes « chaude », « très chaude » ou « brûlante ». Ou, à l'inverse, qu'il retire une pièce de vos vêtements en guise de gage chaque fois que vous êtes « tiède », « froide » ou « glaciale ». Enfin, une fois que vous aurez touché au but, demandez-lui de vous raconter explicitement, et par le menu, ce que vous aurez deviné de manière empirique.

Comme pour le jeu précédent, proposer la réciproque peut le décider à se lancer avec vous dans une petite partie. Si son premier fantasme a été un peu trop facile à deviner, demandez-lui d'en trouver un autre, un peu plus enfoui, retors ou inavouable. Le jeu n'en sera que plus excitant !

3 **Shéhérazade horizontale.** « Souvenez-vous de m'éveiller demain matin, une heure avant le jour, et de m'adresser ces paroles : "Ma sœur, si vous ne dormez pas, je vous supplie, en attendant le jour qui paraîtra bientôt, de me raconter un de ces beaux contes que vous savez." Aussitôt, je vous en conterai un, et je me flatte de délivrer par ce moyen tout le peuple de la consternation où il est. »

C'est en ces termes que la conteuse Shéhérazade initie, dans le recueil des *Mille et Une Nuits,* le récit sans fin qu'elle fera au sultan pour échapper à la mort et rompre la malédiction qui pèse sur ses contemporains. Si, à votre tour, vous voulez captiver votre homme et devenir le révélateur des fantasmes qu'il garde secrets, le plus sûr moyen est encore de passer en revue tout ce qui pourrait s'en approcher, de près ou de loin. Pour ce faire, prenez l'habitude de lui lire, chaque soir, au moment de vous coucher, quelques pages d'un conte ou d'un roman érotique.

Choisissez l'extrait du jour en fonction de ce que vous connaissez des goûts et dégoûts de votre amant. Surtout, ménagez une progression, du plus *soft* les premiers soirs jusqu'au plus osé à mesure que passent les séances. Si telle scène ou telle situation ne trouvent pas d'écho en lui, n'abandonnez pas pour autant : il faut savoir varier l'intensité, souffler alternativement le chaud et le froid, pour que les stimuli les plus puissants résonnent de manière efficace. Comme la célèbre conteuse perse, demandez-lui juste, à la fin de chaque lecture, s'il vous accorde sa « grâce » jusqu'au lendemain. En le traitant ainsi en prince oriental omnipotent, vous flatterez favorablement son orgueil de mâle.

Mais ce qui l'émoustillera plus que tout, et ouvrira sans doute bien grandes les portes de son temple fantasmatique, c'est de savoir que vous prenez vous-même plaisir à ce jeu. Savoir que vous êtes habitée par de telles pensées, que vous avez pris la peine de sélectionner chaque jour le texte adéquat, tout cela devrait le stimuler au plus haut point. Rien de plus excitant pour un homme qu'une femme qui cherche elle-même à s'exciter !

4 **Comme au cinéma.** « Sur l'écran noir de mes nuits blanches/Moi, je me fais du cinéma », chantait de sa voix chaude le crooner toulousain Claude Nougaro. Or, vous pouvez être certaine qu'en matière de

films votre homme a lui aussi quelques beaux souvenirs de salles obscures !

C'est fou ce que le cinéma peut permettre de cristalliser, plus encore chez les hommes que chez nous, les femmes, les couches les plus profondes de leur psyché ! Dans un ouvrage passionnant, *Le Parfum de la salle en noir*[1], le sociologue Michel Mesnil n'hésite pas à attribuer cette fascination à la dimension explicitement utérine de la salle de cinéma : le noir, la chaleur, les images qu'on aperçoit au fond, la musique assourdie… et puis, enfin, le jour et la lumière, la renaissance. Ainsi, comme le fœtus gardera des souvenirs inconscients de sa vie intra-utérine, le spectateur de cinéma conserve de son passage dans cette matrice de substitution des traces indélébiles.

Tous les hommes de ma connaissance, ou presque, associent à certaines scènes de cinéma, plus ou moins célèbres, leurs fantasmes les plus tenaces. L'un se rejouera l'envol de la robe blanche de Marilyn Monroe dans *Sept Ans de réflexion,* tel autre rêvera de mordre les lèvres charnues de Béatrice « Betty » Dalle dans *37°2 le matin,* etc.

Lancez donc une anodine conversation sur ses plus belles séances de cinoche ou sur ses actrices préférées, et vous assisterez à une véritable projection à ciel ouvert de ses fantasmes : derrière tout film culte, il y a, pour l'homme qui l'adore, la silhouette d'une femme…

Si la culture cinématographique de votre amant s'arrête à *Bambi* ou aux *Bronzés,* évoquez avec lui quelques films qui devraient néanmoins lui dire un petit quelque chose :

Belle de jour, de Luis Buñuel (1967),

---

1. Michel Mesnil, *Le Parfum de la salle en noir,* PUF, « Écritures », 1985.

Le Lauréat, de Mike Nichols (1968),
Le Dernier Tango à Paris, de Bernardo Bertolucci (1972),
L'Empire des sens, de Nagisa Oshima (1976),
La Femme d'à côté, de François Truffaut (1981),
9 *semaines et demie,* d'Adrian Lyne (1986),
Épouses et Concubines, de Zhang Yimou (1991),
Les Nuits fauves, de Cyril Collard (1992),
Pulp Fiction, de Quentin Tarantino (1994),
Romance, de Catherine Breillat (1999),
Intimité, de Patrice Chéreau (2000),
Shortbus, de John Cameron Mitchell (2006).

5 « **Get up ! Like a sex machine !** » Si certaines images fixent à jamais nos plus belles fantaisies érotiques, le rythme chaloupé et suggestif de certaines musiques que nous connaissons est pour sa part indissociable de scènes que nous avons réellement vécues. Au cinéma, le fantasme ; à la musique, les coups de reins ! Vous me pardonnerez ce raccourci simplificateur, mes amies, mais avouez : laquelle d'entre vous n'est pas prise de frissons rétrospectifs à l'écoute du *I Want Your Sex* de George Michael ou du *Sexual Healing* de Marvin Gaye ?
Chez les garçons, ces êtres étranges qui partagent nos lits et accessoirement nos vies, la musique n'a pas toujours des effets aussi radicaux, mais il suffit qu'ils se souviennent dans quel état nous a plongées tel ou tel morceau pour qu'ils lui gardent une affection toute particulière.
Pour faire remonter à la surface les images associées à ces mélodies, plusieurs solutions existent. Soit vous préparerez à l'avance, sur le baladeur numérique de monsieur, une sélection des plages musicales en question, que vous baptise-

rez de manière évocatrice « Tu te souviens ? », « Let's talk about sex, baby » ou autre, soit vous lui fredonnerez vous-même les chansons en question à l'oreille. Vous pouvez être sûre que, si vous vous êtes déjà adonnés ensemble à quelque activité coquine sur cette musique, les images de cette soirée inoubliable ne tarderont pas à l'envahir de nouveau !

Et s'il n'y a décidément rien à obtenir de lui, essayez donc quelques grands classiques de la lascivité harmonique – sans jeu de mots :

Can't Get Enough of Your Love, Babe, de Barry White,
Strangers In the Night, de Frank Sinatra,
The Look of Love, de Burt Bacharach,
Je t'aime... moi non plus, de Serge Gainsbourg et Jane Birkin,
La poupée qui fait non, de Michel Polnareff,
Fais-moi jouir, de Patrick Coutin,
J'veux du cuir, d'Alain Souchon,
Femmes... je vous aime, de Julien Clerc,
Que je t'aime, de Johnny Hallyday,
China Girl, de David Bowie.

6 **Mission shopping, budget zéro.** Et si vous l'emmeniez faire les boutiques ? Non, je ne plaisante pas ! Croyez-moi, pourtant, j'en ai traîné plus qu'à mon tour, de ces grognons qui me suivaient « pour me faire plaisir » et finissaient par me planter dès le troisième magasin et le huitième essayage ! Des petits joueurs, incapables d'apprécier la chance que nous leur offrons d'entrer ainsi dans notre intimité, pas fichus de comprendre qu'il y a plus à apprendre sur nous dans notre penderie que dans notre journal intime. Cette séance de shopping à laquelle vous allez le convier – faites confiance à mon expérience de la chose –, il ne pourra

pas la refuser. Faites-lui valoir qu'elle aura pour objectif principal non pas d'acheter – un grand « ouf ! » de soulagement, le voilà libéré de sa douleur à la carte Bleue –, mais de définir ensemble les tenues dans lesquelles il vous trouve le plus sexy. En gros, il s'agit de définir votre garde-robe idéale, lingerie comprise, selon « ses » critères. Pour vous, le risque de vous voir repartir avec cinq minijupes et autant de décolletés vertigineux est limité, puisque vous avez bien précisé dès le départ qu'il n'était pas question d'acheter quoi que ce soit, mais juste d'essayer, encore et encore. Ou comment transformer le pire cauchemar de votre homme en son plus grand bonheur !

Pour faire monter la pression et faire durer la séance aussi longtemps que vous le souhaitez, commencez par les pièces les plus couvrantes et les moins chargées symboliquement : manteaux, vestes, pulls, pantalons, etc. Poursuivez par les chaussures – les fétichistes du pied sont légion –, les petits hauts, les T-shirts, les chemisiers et les robes. Puis achevez-le avec les jupes, les chaussettes, les collants et tout l'éventail des sous-vêtements : soutiens-gorge, culottes, shorts, bas, strings, etc.

Bien sûr, à chacune de ces étapes, il est impératif de lui demander de vous rejoindre en cabine pour évaluer votre nouvelle tenue. Une fois n'est pas coutume, vous ne lui demanderez pas son avis – pour le lui reprocher aussitôt, comme nous le faisons toutes trop souvent –, mais plutôt de le consigner par écrit sur un petit carnet qu'il aura pris la peine d'emporter avec lui. Mieux encore : il peut se munir d'un petit appareil photo numérique de poche qui lui permettra d'immortaliser chacune de vos parures. Il se constituera ainsi un véritable « réservoir à fantasmes » dans lequel il pourra puiser par la suite à loisir.

7 **Concours d'éloquence.** C'est un fait indéniable : si les hommes fantasment au moins autant que nous, leurs rêveries érotiques sont souvent bien moins sophistiquées que les nôtres. Quand nous échafaudons des scénarios complexes, dignes de superproductions hollywoodiennes, ils peuvent se contenter de gros plans pour le moins explicites sur nos attributs les plus tentants – fesses, seins, bouche, sexe. Ce n'est pas un hasard si les hommes sont si volontiers consommateurs de ce sous-genre du cinéma porno qu'on appelle le *gonzo,* où s'enchaînent les scènes de pénétration en gros plan sans le prétexte d'une histoire, même sommaire.

Prenez-le donc à son propre jeu en faisant de ses « limites » un atout. Demandez-lui de rédiger un texte bref – entre cinq et dix lignes suffiront – pour décrire chacune des parties de votre corps qui l'excitent le plus. Il devra mentionner pourquoi cette zone érogène a sa préférence, en quoi elle est particulièrement admirable chez vous, comment il se propose d'en prendre soin et, pour finir, quel meilleur souvenir associé à cet attribut lui revient en mémoire.

Une fois son texte écrit, il devra le lire à haute voix, sa bouche placée à quelques centimètres de la fesse ou du sein en question. Le ton n'y est pas ? La diction est défaillante ? N'hésitez pas à lui faire reprendre sa récitation jusqu'à ce que vous l'estimiez satisfaisante.

S'il a été un élève inspiré et appliqué, et si cette perspective ne vous heurte pas, autorisez-le à prendre en photo la partie de votre corps à laquelle il vient de rendre un si vibrant hommage. Textes et photos pourront même être consignés, s'il en manifeste l'envie, dans un petit cahier qui sera le « saint sacrement » du culte qu'il vous voue. Un carnet secret dans lequel il pourra puiser son inspiration quand il le souhaitera. De votre côté, rappelez-le de temps à autre à ses devoirs en lui demandant de vous relire son éloge.

8 **Le cadavre exquis des fantasmes.** Connaissez-vous ce jeu, mesdames, qui fit les riches heures du mouvement surréaliste au début du XXe siècle ? Si vous l'ignorez, je vous l'explique en quelques mots, vous verrez que le principe en est simple. Un joueur écrit sur une feuille le premier vers d'un poème. Il rabat le haut de la page portant sa ligne et la passe au joueur suivant, en lui indiquant simplement s'il doit poursuivre par un verbe, un substantif, un complément d'objet direct, etc. Le deuxième joueur complète donc le poème « à l'aveugle », sans savoir ce que son prédécesseur a écrit. Et ainsi de suite, jusqu'à épuiser le nombre total de joueurs ou à faire plusieurs tours si celui-ci est réduit.
En l'occurrence, vous n'êtes que deux : lui et vous, vous et lui. Sans chercher à composer des vers poétiques, appliquez le principe du cadavre exquis pour créer un fantasme commun. Commencez donc, mesdames, sans chercher à anticiper ce que souhaite votre homme ou ce qu'il pourrait lui-même écrire. Bornez-vous l'un et l'autre à une seule ligne à chaque tour, et limitez la longueur totale à une dizaine de lignes, pour ne pas échafauder une situation trop complexe.
Lorsque vous avez achevé vos travaux d'écriture, dépliez le papier et lisez ensemble l'intégralité. Bien sûr, il se peut que le produit de vos textes croisés soit absurde, mais ne renoncez pas pour autant. S'il semble apprécier ce jeu littéraire, recommencez autant de fois que nécessaire pour obtenir un texte susceptible de vous stimuler l'un et l'autre avec une égale intensité.

Prenez aussi ce petit exercice comme une occasion de vous dévoiler certains fantasmes difficiles à livrer à brûle-pourpoint, sous une forme détournée et déguisée. Si vos suggestions semblent choquer votre partenaire, il sera toujours possible de vous défendre en prétendant que vous avez juste cherché la beauté de la formule et du style... Ah ! le nombre de coquineries qui passent sous un bon alibi littéraire !

9 **Le jeu de la vérité.** Qu'y a-t-il de plus propice à la confidence de l'autre que de se confier soi-même ? Vous connaissez sans doute déjà le principe du « jeu de la vérité », ce bon vieux basique des soirées adolescentes, quand chacun brûle de savoir pour qui votre cœur bat dans l'assistance.

Même s'il y a belle lurette que vous avez passé l'âge des confidences chuchotées et des rires bêtes, vous pouvez vous en inspirer. Évidemment, cela suppose que vous vous sentiez vous-même apte à révéler certaines choses que vous ne lui avez jamais dites : « Comment ça ? tu ne savais pas que je raffole des fesses d'homme ? », « Ah oui ? tu es sûr ? Je ne t'ai jamais dit que le cuir ça m'excitait ? », ou encore « Mais si ! Tu sais, ce fantasme où je me tape une caserne de pompiers... ».

Quelle que soit la nature de ce que vous lui apprenez – à moins que cela ne soit particulièrement sale ou violent –, n'en doutez pas un instant : cela ne pourra avoir sur lui qu'un effet désinhibant. C'est une loi quasi universelle, et le moins que l'on puisse dire est que les hommes ne dérogent pas à la règle : « Rien ne m'excite tant que de savoir ce qui t'excite, toi. » Vous le savez : sous vos airs de sainte, d'épouse ou de mère parfaite, votre homme a besoin de deviner la « traînée » que vous pouvez être à vos heures – pour son profit exclusif, bien sûr.

Le jeu suppose que vous vous confiiez à tour de rôle. Commencez par le plus doux, pour aller peu à peu vers le plus radical. Attention, toute « fausse » révélation ou tentative pour vous inventer des fantasmes qui ne sont manifestement pas les vôtres, ou les siens, sera punie par un gage à exécuter séance tenante : ôter une pièce de vêtement, donner ou recevoir une légère fessée, etc.

Mais, puisque c'est vous qui initiez le jeu, rien ne vous empêche de bluffer un peu : si vous constatez que votre homme vous mène en bateau, ressassant de vieilles rêveries vues et revues, dégainez un fantasme de première main, suffisamment épicé pour qu'il se sente lui-même tenu à plus de franchise.

10 **Garde à vue sensuelle.** Vos propres confidences ne servent à rien ? Monsieur joue les coffres-forts, monsieur se ferme comme une huître et garde rien que pour lui les plus belles scènes de son petit théâtre intérieur ? Il arrive en effet que certains hommes aient du mal à confier leurs fantasmes les plus extrêmes à celle qui partage leur vie : peur d'être jugé, peur de rompre une relative harmonie, peur de briser l'image « maternelle » de leur conjointe, besoin d'assouvir ses pulsions dans un cadre moins policé que le couple… Les motifs de ce blocage peuvent être d'origines fort diverses.

Or, puisque vous n'avez ni le temps ni les compétences requises pour procéder à une thérapie en règle de votre bonhomme, pourquoi ne pas opter – une fois n'est pas coutume – pour la manière forte ? Sous couvert d'un petit jeu érotique, attachez-lui les mains dans le dos avant de les fixer à un montant du lit ou à un radiateur fixe. Mieux encore : si vous disposez d'un tel accessoire, liez-lui les mains avec une paire de menottes.

Ne le déshabillez pas. Interrogez-le simplement sur ses fantasmes les plus secrets. Si vous avez le moindre doute sur la sincérité de sa réponse, administrez-lui une claque légère sur la joue ou sur les fesses. En cas de réponse plus satisfaisante, récompensez-le en enlevant une pièce de vos vêtements. Si vous êtes nue et que le jeu continue, caressez son visage avec la partie de votre corps la plus susceptible de l'exciter : bouche, joue, sein, ventre, fesse…

Consignez par écrit chaque nouvelle révélation. L'ensemble des fantasmes qu'il vous aura avoués constituera une déposition que vous lui ferez signer juste après avoir défait ses liens. Conservez ce document et, quand votre homme vous semblera en panne d'inspiration, ressortez-le-lui.

Bien sûr, nul n'est tenu de vivre tous ses fantasmes – pas même un homme ! Aidez-le donc à décrypter ses propres déclarations et à imaginer, avec lui, une version édulcorée de tel ou tel fantasme.

11 **La femme idéale.** C'est entendu : vous n'êtes pas sa femme idéale, pas plus qu'il n'est le mâle de vos rêves. Chacun a ses menus défauts, ses imperfections plus ou moins visibles et ses travers qui, avec le temps, sont autant un gage d'attachement que d'exaspération.

Pourtant, nous en sommes tous conscients, il y aurait plus d'ennui que de jouissance à partager la couette d'un être en tous points parfait, car, si l'imperfection agace, la perfection

endort ! Le bon mélange, celui qui stimule, est celui du bon et du moins bon, du beau et du plus quelconque. Lui et vous, en somme.
Néanmoins, et puisque cela est bien compris de tous, vous pouvez vous exposer à cet exercice un rien maso qui consiste à faire décrire par le menu à votre chéri ce à quoi ressemblerait « la femme de ses rêves ». Partez de son visage, pour descendre jusqu'à ses pieds. Étage par étage, zone par zone, demandez-lui de décrire la forme, le style, la corpulence, la couleur de peau, etc., de chaque élément envisagé. Soit, de bas en haut : sa chevelure, son front, ses yeux, son nez, ses joues, sa bouche, la forme de son visage, ses dents, ses oreilles, son cou, ses épaules, ses bras, ses avant-bras, ses mains, ses seins, son ventre, son nombril, sa taille, ses hanches, son sexe, ses cuisses, ses fesses, son dos, ses reins, ses jambes, ses genoux, et enfin ses pieds. Si cela semble faciliter son travail de description, autorisez-le à avoir recours à des comparaisons ou à des images qu'il aura glanées dans les magazines.
Vous vous en doutez, il ne s'agit pas de vous conformer à ce supposé « idéal », qui, ainsi recomposé, n'a pas plus de réalité qu'une créature virtuelle des *Sims* ou de *Second Life*. Oubliez donc les artifices ruineux ou pire encore : vous le savez, cet idéal n'existera jamais que dans sa tête, et c'est très bien ainsi ! En revanche, vous savez désormais à quel genre de femme il rêve quand il baye aux corneilles. Vous savez aussi quelle déesse, par le miracle de l'amour, il projette sur vous quand il vous regarde…

12 Bienvenue dans mes rêves érotiques.

Soyons honnêtes, les filles : il n'y a rien de plus assommant que d'écouter par le menu le récit du rêve des autres, et même ceux de l'être que l'on aime par-dessus tout. Même ceux de ses propres enfants chéris, c'est dire ! Il est pourtant une catégorie de rêves qui fait notablement exception à cette règle d'airain : les rêves érotiques.

Là, pour le coup, mes jolies, je suis catégorique : jamais votre homme ne boira vos paroles avec autant d'attention, l'œil brillant et la truffe frémissante, que si vous lui confiez vos rêveries très spéciales. Certes, les subtilités de la libido féminine lui échapperont sans doute un peu. Il s'étonnera par exemple que le rêve le plus *hot* de votre panthéon fantasmatique soit une chaste séance de massage par deux grands bruns sans visage. Non, les rêves érotiques féminins ne débordent pas de stupre et de sperme et, en cela, sont bien loin du standard établi depuis plusieurs décennies par l'industrie pornographique.

Ce qui mettra votre moitié sens dessus dessous est donc moins la teneur des images qui vous ont traversée, le temps d'un songe, que le fait que vous puissiez ressentir une excitation nocturne à son insu. Pour lui qui se croit seul à être transporté par des pulsions incontrôlables, telluriques, lui qui s'était résigné à ce que votre sexualité à vous soit quelque chose de doux, de raisonnable, de concerté, quelle joie, quel soulagement – et, pour tout dire, quelle excitation – de vous savoir vous aussi le jouet de ces éléments déchaînés !

C'est pourquoi ces récits auront non seulement tendance à libérer sa parole, mais aussi son imagination. Sur la base des situations que vous lui aurez confiées, il aura tôt fait de bâtir à son tour les plus improbables et les plus débridés des scénarios. Vous lui donnez « ça », il vous rapporte « ÇA ». Que voulez-vous… C'est un homme, après tout !

II. Nous offrir en spectacle, le plus excitant des cadeaux

13 **Voyeur malgré lui.** C'est le romancier Louis-Ferdinand Céline, auteur du *Voyage au bout de la nuit* – et de quelques scènes érotiques d'anthologie, soit dit en passant –, qui eut cette phrase définitive sur la gent masculine : « L'homme est un animal optique. » Difficile de lui donner tort. Personnellement, j'ai ma propre formule, qui ne me déplaît pas non plus : « Mateur, amateur et menteur. » Mais je m'égare…

Pour bien comprendre de quoi il retourne, il suffit de surprendre le balayage opéré par le regard d'un homme dans une pièce où la population féminine domine. L'œil passe d'un sein à une nuque, d'une bouche à une taille, d'une fesse à une cuisse… et retour, aussi affolé qu'un gamin dans un magasin de jouets. À l'instar du marmot, il a beau savoir que rien – ou presque – de tout cela ne sera pour lui, qu'il faudra se contenter de miettes ou, pire encore, des vieux joujoux qui l'attendent à la maison, il ne peut s'empêcher de s'en gaver les mirettes, de faire le plein d'images autant et aussi longtemps qu'il le peut… et de penser qu'on le laissera faire. Une telle candeur, une telle avidité, c'en est presque touchant !

Mais il y a plus excitant encore, pour ce voyeur naturel qu'est l'homme, que le grand déballage de nos charmes. Tenez-le-vous pour dit : pour cet éternel gamin, chaparder est plus exaltant que de se contenter de ce qu'on lui donne. Les images qu'il parviendra à voler à l'insu de celle qu'il mate de la sorte auront toujours plus de valeur que celles qu'on voudra bien lui laisser voir. Alors, l'une des plus belles mises en scène que vous pourrez lui offrir consistera à lui laisser croire qu'il vous surprend, sans que vous le sachiez, à votre corps défendant. Le goût de l'interdit pimentera sa vision d'une épice incomparable.
Par exemple, interdisez-lui de venir patrouiller dans la salle de bains pendant que vous vous y préparez, mais laissez la porte tout juste entrebâillée. Puis, tandis que vous évoluez, aussi nue que possible, attirez-le soudain dans les parages par le bruit d'un objet qui tombe sur le sol. Ça y est ? Vous sentez son œil s'immiscer ? Alors, sans vous départir de votre naturel, poursuivez votre toilette, en vous penchant par exemple dos tourné, de manière à lui présenter votre croupe…

14 **Offrir des instantanés.** Maintenant que vous savez à quel point il est facile de faire de lui le plus vicieux des mateurs, trouvez d'autres occasions que vos ablutions du matin ou votre rapide toilette du soir – car, malgré ce qu'il en dit et ce qu'il en pense, vous ne passez pas votre vie dans la salle de bains, non mais !
S'il aime vous voler vos instants d'intimité, il appréciera aussi que, de « victime consentante », vous passiez au stade de complice de ces nouveaux jeux. Savoir que vous y pensez ou, mieux encore, que vous préméditez certaines de ces mises en scène fertilisera sa propre imagination. Certes, je vous l'accorde, peu d'hommes aiment être manipulés, mais,

sans verser dans de telles extrémités, il est possible de faire jeu égal avec lui, d'être une *sparring partner* inspirée et créative. Il est toujours plus agréable de taper dans la balle quand il y a du répondant en face – je me trompe ?
Pour le petit jeu que je vous propose maintenant, la raquette sera un simple téléphone portable. Deux options s'offrent à vous.
Si vous y parvenez, vous pouvez subtiliser son combiné et réaliser, avec la fonction appareil photo, quelques instantanés de vos charmes. Jouez-la progressif, histoire de ménager son petit cœur fragile et de ne pas provoquer d'incidents à son travail : commencez par votre sourire, la naissance de vos seins, puis vos mamelons, et enfin vos fesses ou votre toison.
Si vous n'avez pas accès à son téléphone, réalisez la même série de clichés avec votre propre appareil, et envoyez-lui chaque image une à une en utilisant la fonction MMS de votre portable. Au vertige de vos courbes s'ajoutera alors le plaisir de l'attente : « La série est-elle finie ? », « Quand m'enverra-t-elle la prochaine photo ? », etc.
Un dernier conseil : réfléchissez-y tout de même à deux fois avant de lui adresser des images encore plus « chaudes » – votre sexe, vous en train de vous masturber… Vous ne savez jamais dans quelles circonstances il les recevra et qui d'autre sera susceptible de les découvrir !

15 **Le fétichiste qui dort en lui (1).** Je me souviens de cette jeune femme qui, décontenancée par les fixations érotiques de son mari, me demandait il y a quelques mois : « Pensez-vous, Margot, que tous les hommes soient des fétichistes ? » Je pesai, tournai et retournai la réponse dans mon esprit, en me demandant ce qui, de l'affirmative ou de la négative, la plongerait

plus encore dans des abîmes de perplexité. Dans le premier cas, cela signifiait que son homme n'était qu'un homme comme un autre, mais aussi qu'il n'y avait aucun espoir d'éviter ces étranges comportements ; dans le second, cela voulait dire que son mari était un « cas », mais aussi qu'il y avait un espoir de rémission. Je crois lui avoir répondu quelque chose du genre : « Oui, ma chère, tous… sauf ceux qui ne le sont pas. » Et, à y réfléchir aujourd'hui, c'est, je pense, la moins mauvaise réponse possible à cette question.

Qu'est-ce qu'un fétichiste, au juste ? Petit cours d'étymologie express : le mot « fétiche » vient de l'adjectif portugais *feitiço*, littéralement « qui est artificiel », mais aussi « qui exerce un sortilège ». Le fétichisme est donc le transfert, partiel ou complet, du désir éprouvé pour une personne (ou un type de personnes) vers l'objet adoré. L'attirance se fixe donc sur un objet tiers, qui suffira dès lors, en principe, à provoquer chez le sujet l'excitation sexuelle. Exemple : plus besoin de voir une femme nue, la vision de ses sous-vêtements provoque seule la pulsion érotique. Bien sûr, plus ces objets sont en contact avec le corps ou les attributs sexuels, plus la fixation fétichiste se fait facilement. Mais il arrive parfois que le désir se déporte aussi sur des objets ou même des matériaux sans rapport direct ou évident avec le sexe : latex, cuir, fourrure, bois, métal, etc.

Pour autant, me direz-vous, pourquoi tous les hommes seraient-ils concernés ? D'abord parce que, durant la petite enfance, quand s'établissent ces fixations érotiques, les petits garçons sont moins choyés, moins touchés par leurs mères que les petites filles. Les études montrent en effet que les mères sont de deux à trois fois plus en contact physique avec leurs filles qu'avec leurs fils, lesquels, pour compenser ce manque, n'ont d'autre choix que de fixer leur attention sur tout ce qui

peut les rapprocher un peu plus du corps maternel – un sous-vêtement aperçu sur le fil du séchage, par exemple. L'autre raison est la fascination précoce des garçons pour tout ce qui constitue la féminité. On ne le souligne jamais assez, mais un homme se construit davantage dans la négation de la féminité qu'il porte en lui que dans l'affirmation d'une masculinité bien définie. Il n'a donc de cesse d'observer et d'épier tout ce qui fait que la femme est femme – pour surtout ne pas le reproduire !
Il y a trois degrés dans le fétichisme. Plus l'objet d'attraction est éloigné du corps lui-même, plus ce fétichisme est sophistiqué : on parle alors de fétichisme secondaire, voire tertiaire. À vous, mes belles, de déterminer si votre homme est excité par le simple crissement d'une soie, par la rusticité d'un pantalon de cuir sur vos fesses nues ou par la brutalité d'un latex tendu sur votre ventre ou vos cuisses. Si tel est le cas, il ne sera pas bien difficile d'alimenter ses fantasmes par une tenue adaptée, mais n'en abusez pas pour autant : l'effet sera d'autant plus puissant que de telles apparitions demeureront rares et inattendues…

16 **Le fétichiste qui dort en lui (2).** Même si ces messieurs ont bien d'autres motifs de fantasmes et d'excitation, je ne connais pas un homme qui ne puisse fixer ses pulsions sur la lingerie féminine. Nos dessous sont en effet pour eux une source inépuisable de frissons et d'envies. J'ai beau le savoir et avoir expérimenté sur eux leur pouvoir de sidération, cette capacité à leur faire perdre la tête que peuvent avoir quelques centimètres carrés de soie ou de coton me réjouira toujours !
On distingue deux catégories d'hommes dans leur rapport aux sous-vêtements féminins : ceux qui sont excités lorsque ces quelques pièces sont portées par une femme – vous, de pré-

férence –, et ceux qu'excite la seule vision des dessous, c'est-à-dire sans même un corps pour les porter. Là encore, primarité et secondarité dessinent une vraie ligne de démarcation, mais qui n'est pas si étanche qu'on voudrait bien le croire : selon les moments, tel homme en apparence « primaire » appréciera de sentir ou de manipuler une culotte orpheline, et, au contraire, tel « secondaire » sera excité au plus haut point par le spectacle de la propriétaire de cette culotte en train de l'enfiler.

Ce que la plupart des femmes que je rencontre ignorent surtout, c'est que toutes les pièces de lingerie ne sont pas égales au panthéon fantasmatique des hommes. Et je ne parle pas de ces infinies variations de matière, taille, échancrure et transparence, dont chacune comprend bien l'impact relatif : nul besoin d'un diplôme en psychologie masculine pour comprendre qu'un string en tulle les émoustillera plus qu'une maxi-culotte en coton épais… Non, je parle bien de la place symbolique que tient chaque type de sous-vêtement.

Ainsi, au premier étage de leurs fantasmes se trouve le soutien-gorge, et tout ce qui concerne, de près ou de loin, nos poitrines. Les seins, c'est l'attribut féminin par excellence, le plus évident, le plus visible, le plus accessible – et celui auquel on a eu accès pendant toute une partie de son enfance ! Il correspond d'ailleurs chez le tout-petit au stade oral, donc à une sexualité peu évoluée. Le fétichisme du soutien-gorge apparaît par conséquent comme une fixation élémentaire que partagent tous les hommes, à quelques exceptions près.

Viennent ensuite les jambes et ce qui les couvre : chaussures, chaussettes, mais surtout bas et collants, tout ce qui autorise l'œil à remonter le long de ces fascinantes colonnes vers le mystère de la féminité. Par sa complexité et sa lenteur, le rituel du bas que l'on enfile, que l'on fixe et, mieux encore,

que l'on roule jusqu'aux chevilles est pour l'homme synonyme d'un érotisme puissant et subtilement tentateur.
Enfin, tout ce qui est en contact avec les fesses et le sexe de la femme représente évidemment le Graal masculin de la lingerie féminine. Ce qu'il cache, ce qu'il dévoile, la manière dont il modèle, moule ou compresse, tout dans ce vêtement peut être motif à fantasmes et à pulsions. Mais il y a plus : le sexe étant un organe riche en humeurs et en sécrétions, la teinte et l'odeur d'une culotte portée sont même, pour bien des hommes, la source d'un plaisir indicible ! Ce n'est d'ailleurs pas pour rien qu'un véritable commerce de petites culottes usagées s'est développé sur Internet – un commerce si florissant que les Japonais lui ont donné un nom, le *burusera,* la variante du *namasera* supposant que la culotte sentie par l'homme vient juste d'être retirée par la femme…
Alors, qu'attendez-vous pour glisser négligemment l'un de ces petits triangles d'étoffe dans la poche ou la mallette de votre homme ?

17 **Le plaisir de l'attente.** Quels que soient les parties ou les instants de vous-même que vous avez choisi de lui montrer, surtout ne précipitez rien. Croyez-moi, ce conseil n'est pas si élémentaire qu'il en a l'air. Il est même essentiel !
Par essence, l'homme se précipite. Il se rue sur la nourriture quand on la lui sert, se jette sur les miettes d'argent ou de pouvoir qu'il peut obtenir et – ça ne vous aura sans doute pas échappé – il ne fait qu'une bouchée de votre corps quand vous avez la mauvaise idée de le lui servir tout cru.
Le paradoxe, c'est que l'homme « adôôôre » que l'on contrarie sa nature ! Enfin, disons jusqu'à un certain point… Alors,

plutôt que de tout lui donner tout de suite, apprenez-lui à attendre. Mieux : faites-le sans en avoir l'air, comme si cela allait de soi, ingénument. Il est dans tous ses états à vous voir vous promener en culotte, la poitrine à l'air et le soutien-gorge à la main ? Eh bien, lancez-vous soudain dans la recherche de ce papier « hyperimportant » dont vous avez besoin pour le matin même – toujours dans la même tenue légère, bien sûr. Repoussez sans cesse le moment de passer à l'étape suivante, qu'il s'agisse de lui en montrer plus... ou moins ! Ce ne sont pas les prétextes qui vous manqueront. Rien de plus stimulant pour lui qu'un effeuillage qui ne porte pas son nom, et qui s'éternise au gré de vos activités et de vos préoccupations quotidiennes.

18 **Une once de jalousie dans un monde de brutes.** Ce qu'il faut bien vous mettre en tête, mes petites chéries, c'est que votre homme cherche par-dessus tout à éprouver sa capacité à contrôler l'« objet sexuel » que vous êtes à ses yeux. Dit comme ça, ce n'est pas très flatteur, certes. Pourtant, c'est bien comme ça qu'il fonctionne. Tout ça, vous l'avez maintenant compris, pour réaffirmer sans cesse sa fichue virilité. Il a beau s'en défendre, que ne ferait-il pas en son nom ?
Or, vous vous en rendrez vite compte, c'est en jouant avec l'élasticité de ce supposé « contrôle » que vous lui ferez perdre la tête le plus efficacement. En effet, aussi paradoxal que cela puisse paraître, c'est quand il vous lâche plus ou moins la bride que ce petit vicieux a bien souvent le sentiment de possession le plus absolu. Vous en doutez ? Alors essayez donc ce petit exercice pratique...
C'est le soir. Vous vous préparez pour la nuit, et impossible de remettre la main sur ce délicat pyjama en soie qui vous

semble tout à coup indispensable. Bien sûr, vous en profitez pour vous promener dans tout l'appartement en petite culotte, seins nus, voire en tenue d'Ève. Comme vous avez bien préparé votre coup, vous aurez pensé au préalable à ouvrir grands les rideaux des pièces que vous traversez et à allumer toutes les lumières, façon Versailles. Passez, repassez et traversez encore les pièces ainsi éclairées, puis, avec un brin de perversité, pourquoi ne pas vous arrêter face à la plus grande des fenêtres, en vous grattant la tête, comme si vous vous interrogiez sincèrement sur la cachette de ce damné pyjama ? Je ne donne pas cinq minutes à vos voisins de sexe masculin avant qu'ils glissent un œil à leur fenêtre, et, surtout, je n'en donne pas dix à votre homme avant qu'il intervienne, partagé qu'il aura été pendant ce laps de temps entre l'indécence théorique de la situation et l'excitation de vous savoir vue par d'autres yeux que les siens. C'est qu'il est comme ça, votre homme : constamment partagé entre son instinct de « propriétaire » et cette envie un peu coupable de vous offrir au premier venu, puisqu'on ne peut donner que ce qui nous appartient tout à fait !

19 **Une masturbation rien que pour lui.** Attention, fantasme majeur ! Peu d'hommes sont capables de conserver leur sang-froid à la vue d'un tel spectacle ! Vous masturber devant lui, c'est bien sûr une grande preuve de confiance, mais c'est aussi une porte inédite que vous lui ouvrez sur votre intimité, c'est lui offrir des images sur lesquelles il pourra projeter son désir renaissant. Il faut dire que, pendant les rapports, concentrés comme nous le sommes généralement sur notre propre plaisir, on a peu le loisir de regarder l'autre posément et d'observer les variations subtiles de sa jouissance.

Après vous avoir vue en une telle posture, il aura sans doute le sentiment – un peu abusif, certes – que vous n'avez plus aucun secret pour lui. Mais que cela ne lui donne pas tous les droits, nous sommes d'accord sur ce point, et surtout pas celui d'exiger que vous vous adonniez à cette nouvelle pratique selon son bon vouloir. Vous devez rester seule maîtresse de ce que vous voulez bien montrer ou non, et surtout du moment où vous souhaitez le faire.

Plus prosaïquement, se masturber devant son partenaire, c'est lui donner des indications précieuses sur la manière dont vous construisez vous-même votre plaisir : position des doigts ou de la main, rythme, mouvement – de haut en bas, circulaire, etc. Bien sûr, il ne s'agit pas pour autant de transformer une telle séance en une leçon de choses un peu scolaire. Et d'ailleurs, si le cœur lui en dit, il peut se joindre à vous en se masturbant lui aussi, à vos côtés…

Évidemment, il n'est pas toujours aisé d'amener une telle démonstration au cœur de ses pratiques quotidiennes. Alors, si vous n'osez franchir le pas devant lui, il est toujours possible de commencer en vous masturbant seule, mais en faisant en sorte qu'il vous surprenne (→ 13)…

20 Quand il devient *sex toy*…

On présente trop souvent les *sex toys* comme des pis-aller, des substituts sexuels dont l'usage serait cantonné à des pratiques solitaires. Eh bien, au risque de vous surprendre, mes chères, je m'inscris en faux contre cette dictature de l'époque ! À bien des égards, l'usage des accessoires érotiques est d'autant plus agréable et stimulant qu'il s'inscrit dans les jeux et les envies du couple.

Ce que je vous propose ici est une variante du fantasme précédent. Nous l'avons vu, la sexualité de l'homme est mue avant tout par ce constant besoin de réaffirmer le pouvoir de son pénis et, ce faisant, sa masculinité. Aussi tout ce qui tend à prouver que son sexe est puissant et source de jouissance pour sa partenaire œuvre-t-il dans le bon sens. C'est pourquoi, si vous en avez l'audace, il peut être amusant de vous procurer devant lui certaines voluptés en utilisant quelques-uns de ces accessoires – principalement, un vibromasseur pour la stimulation du clitoris et un godemiché pour la pénétration. Choisissez de préférence ce dernier dans une version dite « réaliste », c'est-à-dire à l'image d'un pénis humain, courbe du gland et veines sur la hampe comprises.
Pendant que vous vous procurez ces caresses, joignez la parole au geste en assimilant son sexe ou sa langue aux accessoires que vous employez : « Je sens si bien ton sexe ! », « Ta langue, mon amour ! » et autres encouragements du même acabit. Symboliquement, c'est donc lui qui vous prodigue tout ce plaisir, et non pas ces outils de latex et de silicone ! Un plaisir dont il peut profiter néanmoins en simple spectateur…
Sachez pour finir que certains sex-shops sur Internet proposent une petite fantaisie qui amplifiera on ne peut mieux ce processus d'identification : un godemiché ultraréaliste réalisé à partir d'un moulage du sexe de votre partenaire !

21 **Œil électronique.** Votre appartement est malheureusement sans vis-à-vis (→ 18) ? Et quand bien même, vous auriez trop peur de ne pas assumer votre nudité nocturne le lendemain matin, en croisant vos voisins dans la cage d'escalier ou au café du coin ? Ou bien les voisins en question sont du genre à appeler la police dès que

vous avez le malheur de dénuder une épaule dans votre salon ? Pas de problème ! Vous pouvez, sans prendre de tels risques, offrir à votre homme une excitation au moins aussi forte.

Sur Internet, depuis quelques années déjà, les sites d'exhibitionnisme amateur ont fleuri, naturellement d'accès gratuit pour ceux et celles qui décident de franchir le pas et de se montrer aux autres. Contrairement à une idée reçue, seule une toute petite minorité fréquente ce type de plates-formes dans le but d'accéder à des pratiques plus extrêmes – triolisme, soirées échangistes ou mélangistes, gang-bangs, partouzes, etc. La plupart des membres inscrits, en réalité, ne sont là que pour le plaisir de se montrer aux visiteurs.

En fixant votre appareil numérique sur un trépied et en programmant le retardateur, photographiez-vous, nue ou en sous-vêtements, dans le décor et les positions qui vous mettent le plus en valeur. Créez un compte mail gratuit, de préférence sous un pseudonyme évocateur – « cokine35 », ce genre-là –, puis inscrivez-vous sur le site de votre choix : il vous suffira de taper dans les moteurs de recherche les mots-clés « exhibitionnisme », « couples » ou « amateurs » pour en trouver un très vite. N'oubliez pas de retoucher vos photos numériques afin de masquer ou flouter votre visage et de supprimer tout détail qui permettrait de reconnaître de manière trop évidente votre domicile.

Téléchargez maintenant vos images sur le site. En principe, elles devraient figurer sur une page dont on vous indiquera le « lien permanent ». Copiez ce lien, puis collez-le dans un message que vous adresserez de votre boîte mail anonyme à votre compagnon. D'abord intrigué, surpris, il ne tardera pas à deviner qui se cache derrière ces poses suggestives… et à comprendre qu'il n'est évidemment pas le seul à pouvoir s'en délecter !

III. Notre bouche, porte d'entrée de ses plaisirs

22 **Jeux de bouche sans équivoque.** Contrairement à ce que pourraient croire certaines amazones qui n'ont pas froid aux yeux, nos hommes n'apprécient que modérément qu'on se jette sur eux. Avant de passer aux choses dites sérieuses, ils adorent tous ces petits jeux susceptibles de les mettre en appétit. En clair, avant le plaisir proprement dit, ils ont besoin, comme nous, d'entrevoir d'abord la promesse du plaisir.
Or, de par sa capacité à leur offrir une jouissance infinie, notre bouche les fascine, les captive, que dis-je ? les électrise ! Le charnu de nos lèvres, leur rouge, leur rosé, l'agilité de notre langue, l'élasticité rebondie de nos joues… Rien ne leur échappe, soyez-en certaines.
Alors, en guise d'apéritif, n'hésitez pas à enflammer votre homme à l'aide de quelques jeux de bouche suggestifs. Des lèvres légèrement humectées et entrouvertes peuvent suffire aux plus imaginatifs d'entre eux. Croquez de préférence votre lèvre inférieure avec vos incisives, puis roulez-la sous vos dents, comme la Lolita que vous êtes encore. La lèvre supérieure, elle, prendra toute sa dimension sous vos légers coups de langue, laquelle ne sortira

que sa pointe. Balayez-la lentement de part et d'autre. Pour finir, adoptez votre plus jolie moue boudeuse, toutes lèvres en avant – sans trop jouer les mérous pour autant ! Mais vous pouvez faire mieux encore. Allez, ne faites pas votre sainte nitouche, vous le savez bien : il lui suffit de vous voir sucer un objet oblong, quel qu'il soit, pour que se dessine sur son visage un petit sourire lourd de sous-entendus. Alors, n'hésitez pas : à table, jouez avec les radis, les bâtons de carotte, les frites ou les esquimaux. Comment dit-on, déjà ? « Pas une tête à sucer des glaçons », c'est bien ça ?

23 **La fellation sans partition.** Selon une enquête de référence menée par le sexologue québécois Claude Crépault[2], à la question fondamentale « Quel est votre principal fantasme ? », la réponse la plus souvent donnée par les hommes interrogés est… (roulement de tambour)… la fellation !

Franchement, c'est une surprise, pour vous ? Ne me dites pas que vous méconnaissez votre chéri au point d'ignorer sa prédilection pour ce petit préliminaire ! Il l'aime tant, d'ailleurs, que vous avez parfois l'impression qu'il pourrait largement s'en contenter, je me trompe ? Pour ma part, les seuls hommes que je connaisse qui n'aiment pas se voir prodiguer ce genre de caresses sont ceux à qui l'on en fait de mauvaises – ou, pire encore, de douloureuses…

Difficile d'expliquer leur amour de la pipe en quelques mots ! L'humidité constante, la constriction des lèvres autour du gland, les pressions de la langue ou des joues ; voilà pour les raisons purement « mécaniques ». Sans oublier d'y ajouter

---

2. Claude Crépault, *Les Fantasmes, l'Érotisme et la Sexualité,* Odile Jacob, « Psychologies », 2007.

le sentiment de domination, de sujétion que confère cette pratique, généré par la vision de son amante à genoux et de son membre pénétrant le visage aimé… Les hommes eux-mêmes n'ont pas assez de mots pour dire tout leur bonheur à se faire « sucer », « gober », « pomper »… et je vous passe l'infini répertoire de leurs expressions fleuries !

Si la fellation demeure aujourd'hui encore à cette frontière – en l'espèce bien mince – entre la pratique érotique et le fantasme, c'est qu'elle fut longtemps l'objet d'un interdit qui cantonnait au secret sa mention et, plus encore, son usage. La pipe n'était pas le fait de la femme mariée, de l'épouse convenable, non. Seules les maîtresses et les prostituées offraient à leurs partenaires un tel plaisir. Toutefois, alors même qu'aujourd'hui plus de 80 % des femmes affirment avoir pratiqué une fellation au moins une fois dans leur vie et que les magazines féminins n'hésitent plus à apprendre à leurs lectrices comment devenir de bonnes fellatrices, le mythe semble conserver toute sa force. Chez les hommes, du moins.

J'en conclus donc que nous autres, compagnes régulières et censément libérées, ne la pratiquons ni aussi souvent ni aussi bien que nous voudrions bien le croire. D'ailleurs, alors que les amants que j'ai croisés dans ma vie, à une ou deux exceptions notables, vouaient tous un véritable culte au cunnilingus, s'en pourléchant par avance les babines, n'est-il pas vrai qu'entre filles on admette parfois, du bout des lèvres, qu'on ne les suce vraiment que pour leur faire plaisir ?

Or, jamais en panne d'une lapalissade, tous les mâles vous le diront : n'est bonne fellatrice que la suceuse gourmande et convaincue ! Oui, madame ! Heureusement pour nous,

il n'est jamais trop tard pour mettre à jour notre logiciel érotique. Alors, pour vous y aider, voici une méthode « sans échec », dûment éprouvée… et bruyamment approuvée !
Avant tout, sachez que la vue qu'un homme a du spectacle de la fellation qu'on lui prodigue participe très directement de son excitation. Veillez donc à ne pas cacher votre bouche ou son sexe avec vos mains ou vos cheveux. Pour cela, relevez-les ou attachez-les. Par ailleurs, le pénis étant un organe externe saillant, toutes les positions peuvent être envisagées. On distingue celles où il domine – debout ou assis – de celles où il s'abandonne – allongé. S'il n'est pas directif, à vous de faire votre choix en fonction de votre confort, mais notez que, dans les positions où il se retrouve passif, vous contrôlerez mieux la profondeur de la pénétration de son sexe dans votre bouche.
S'il n'est pas circoncis, décalottez son gland avec douceur et léchez-le d'abord avec de petits coups de langue, comme si vous dégustiez une glace. Tenez fermement son sexe entre vos doigts, par la hampe, pour éviter qu'il vous échappe – votre homme peut en effet être parcouru de légers spasmes… Puis interrompez un instant cette stimulation afin de porter son excitation à son comble : caressez-lui les fesses, les reins ou le torse, en embrassant son ventre ou la périphérie du sexe. À noter : un mouvement enveloppant de la paume sous ses testicules sera hautement apprécié !
S'il place ses mains sur votre tête pour la conduire à son sexe, ne vous débattez pas : rien n'est plus plaisant pour lui que d'imaginer qu'il vous « force » un peu, et qu'il maîtrise la situation. Accordez-lui donc cette illusion…
Prenez ensuite la pointe de son gland entre vos lèvres, et faites-le glisser une première fois dans votre bouche, très

lentement, puis appliquez un mouvement de va-et-vient un peu plus rapide et régulier. Accélérez légèrement la cadence, sans chercher à prendre toute sa verge dans votre bouche, même s'il insiste. Au contraire, empoignez-la toujours d'une main assez ferme pour être certaine de bien contrôler vous-même la profondeur de la pénétration. Surtout, tâchez de rentrer le mieux possible la rangée supérieure de vos dents : le gland étant extrêmement sensible, le moindre contact coupant sur sa surface est très douloureux. À chaque pénétration, effectuez un mouvement circulaire de votre langue sur le gland. Faites une nouvelle pause, léchez la hampe de son sexe, puis reprenez-le en bouche…

24 **« Gorge profonde », mythe et réalité.** La pratique dite « de la gorge profonde » consiste, en théorie, à avaler l'intégralité de la longueur du pénis, jusqu'à la racine, de sorte que le gland vienne toucher le fond de votre gorge. Mais reconnaissons que, dans les faits, une nausée fort peu glamour s'empare généralement de la plupart d'entre nous, bien avant que nous ayons avalé ne serait-ce que la moitié de son membre en érection !
Pourtant, le fantasme de se voir offrir une telle « spécialité » demeure très tenace chez la gent masculine. De très nombreux films pornographiques ont entretenu le mythe, au premier rang desquels le très fameux *Gorge profonde* (1972) de Gerard Damiano. Dans ce film culte, le personnage de Linda, interprété par Linda Lovelace, découvre, au cours d'une visite très particulière chez son médecin, que son clitoris n'est pas situé au-dessus de son vagin, mais tout au fond de sa gorge ! Par conséquent, le seul moyen pour

elle d'atteindre l'orgasme est d'avaler jusqu'à la garde les vingt centimètres et quelques de ses partenaires !
Bon. Vous avez beau savoir que votre clitoris n'est pas le prolongement de votre glotte, la tentation de lui offrir cette gâterie supplémentaire pourrait néanmoins vous passer par la tête. Soit. Mon conseil pour que cette expérience demeure supportable ? Trichez !
Pour cela, rien de plus simple : réduisez simplement la longueur à avaler en plaçant trois doigts – index, majeur et pouce réunis – à la base de son sexe. Lorsque vous aspirerez la longueur de pénis que vous-même avez décidée, faites-le en baissant le menton et en cognant votre front sur son bas-ventre : cet angle accentuera la sensation de pénétration profonde et cachera en partie la vue que votre homme a de son sexe. Pour finir, donnez l'impression que son sexe plonge profondément en gonflant vos joues… et le tour est joué !

25 **Ah ! les belles images !** Si votre bouche est légèrement plus accessible à son regard que votre sexe pendant la fellation, la distance qui sépare ses yeux de son pénis, en revanche, ne varie pas. Ni l'angle de vue. Or, je le répète, c'est en grande partie de la vision de leur propre sexe que naît chez les hommes le sentiment enivrant de la fellation qui fait que cette caresse reste pour eux à nulle autre pareille. Ainsi, ces messieurs seront toujours éminemment frustrés s'ils ont une vision imparfaite de leur gland disparaissant entre vos lèvres.
C'est pourquoi l'un des plus beaux présents fantasmatiques que vous puissiez faire à votre homme est d'améliorer le

panorama qu'il aura de votre bouche, et ce faisant de son sexe, à cet instant précis.

Première option : le miroir. S'il est tenu à la main, le reflet obtenu peut être très satisfaisant, mais, si c'est vous qui le tenez, il vous encombrera ; si c'est lui, il l'empêchera de s'abandonner totalement à ses sensations. Quant au miroir posé sur le sol, il n'offrira qu'une image réduite. L'idéal est donc de parvenir à le placer sur une chaise, sur le côté, à la hauteur de son pénis. Et s'il est légèrement plus bas et incliné vers le haut, la vue en contre-plongée ainsi obtenue n'en sera que plus belle à ses yeux…

Seconde option : la caméra. Qu'il s'agisse de l'angle, de la distance ou de l'encombrement des mains, les problèmes sont les mêmes – à cette différence près qu'une caméra peut facilement être fixée à un trépied ! Réglez la hauteur de ce dernier pour placer l'objectif à côté de son sexe, idéalement à 45 degrés environ par rapport à l'axe de sa verge, et plus bas de quelques centimètres. Ensuite, si c'est possible, orientez l'écran LCD pour profiter tous deux du spectacle en même temps que la scène est fixée dans la mémoire de l'appareil – si vous l'acceptez ! Mieux encore : à l'aide du câble adéquat, vous pouvez relier la caméra au téléviseur présent dans la pièce. Ainsi, c'est en grand format et libérés des contingences techniques que vous jouirez tous deux du tableau !

Si des images – fixes ou animées – sont conservées, n'hésitez pas à les lui adresser par mail à son bureau – mais sur son adresse personnelle, et non professionnelle ! Une petite pièce jointe de ce genre envoyée à l'heure du déjeuner, et vous pouvez être sûre, diablesse que vous êtes, qu'il passera un après-midi des plus longs et des plus éprouvants ! Mais quelle délicieuse torture, n'est-ce pas ?

26 **La pipe sans fin.** L'un des principaux reproches exprimés par les hommes à leur fellatrice concerne la durée ridiculement brève de cette caresse qu'elle leur accorde. À les écouter, une pipe offerte avec amour se devrait non seulement d'être agréable, mais surtout longue, longue, longue…

Pourtant, il faut admettre que même la plus motivée d'entre nous finit souvent par éprouver des sensations peu agréables quand le va-et-vient en bouche s'éternise. Parmi les principaux désagréments relevés, citons ainsi – pardonnez par avance ces détails cliniques – les irritations des muqueuses de la bouche, les contractions musculaires, voire les claquements de la mâchoire, les irritations de la langue, les douleurs cervicales – selon la position employée –, éventuellement les nausées, etc.

Heureusement, de même que pour la gorge profonde (→ 24), il est possible de contenter pleinement monsieur sans pour autant vivre le martyre. Le secret ? Cela vous semblera sans doute surprenant, mais, pour faire durer une bonne fellation, il faut apprendre avant tout à se servir de… ses mains. Oui, vous avez bien lu ! Pourquoi les mains ? Parce que, sans chercher tout à fait à lui faire prendre des vessies pour des lanternes, il s'agit de combiner les sensations offertes par votre bouche et celles produites par les mouvements masturbatoires de vos mains à la base de son gland et sur sa hampe.

La technique la plus sûre, baptisée par certaines d'entre nous le « tire-bouchon » – image peu subtile, mais qui a le mérite d'être éloquente ; bravo, les filles ! –, consiste à tenir fermement d'une main la verge à sa base, puis à appliquer de l'autre un mouvement tournant, de la couronne du gland

jusqu'à l'autre main, comme si vous enfonciez un bouchon sur une bouteille. Pendant que votre seconde main descend ainsi, prenez peu à peu la tête du gland dans votre bouche, puis sa totalité. Pour finir, passez un large coup de langue à la base du gland, puis sur le frein, et reprenez.
Cette technique offre un triple avantage : elle repousse l'instant crucial de l'éjaculation, elle vous permet de contrôler la longueur de pénis avalée et, surtout, elle vous autorise à prolonger la caresse en limitant les douleurs et les irritations. Alors ? Elle est pas belle, la « vit[3] » ?

27 **Liqueur en bouche.** Ah ! les hommes ! À votre avis, à quoi se résume pour la plupart d'entre eux la meilleure, la plus profonde, la plus longue et la plus appliquée des fellations si elle n'est accompagnée de cette suprême récompense qu'est l'éjaculation buccale ? À un simple préliminaire, à une caresse un peu bâclée… Autant dire pas grand-chose à leurs yeux, désolée de vous le dire, mes petites chattes !
Voilà donc ce dont il rêve en secret pour affirmer une bonne fois pour toutes sa prétendue domination ! À quoi ça tient, franchement ! En « venant » ainsi dans votre bouche, il s'exonère tout à fait de l'impératif de reproduction. Vous n'êtes plus la matrice, la future mère de ses enfants : vous n'êtes plus que cet instrument de plaisir dont il pense pouvoir disposer à loisir. Vous reconnaîtrez qu'il faudrait être bien difficile pour ne pas prendre son pied devant une telle perspective, pas vrai ?

3. *Vit* : en ancien français, nom masculin d'expression argotique pour désigner le phallus.

Néanmoins, comme c'est souvent le cas, celui qui manipule l'autre n'est pas forcément celui que l'on croit. En vous « abaissant » en apparence à ses exigences, c'est bien vous qui contrôlerez son désir. C'est lui qui deviendra esclave de votre bon vouloir : « Voudra-t-elle ? Ne voudra-t-elle pas ? » Et il suffira que vous lui accordiez cette petite privauté une seule fois pour qu'il vive éternellement dans les affres de l'espoir…

Je vous entends d'ici me dire que c'est visqueux, collant, que ça n'a pas toujours bon goût, que la violence de l'expulsion du sperme dans votre gorge provoque parfois une réaction involontaire à la limite de la nausée. Je sais tout ça, figurez-vous ! Pourtant, une fois encore, rien d'insoluble.

Si vous avez décidé par avance que vous céderez cette fois-ci, âme charitable que vous êtes, gardez donc, au moins pour la première fois, une boîte de mouchoirs en papier à portée de main, et éventuellement une canette de boisson gazeuse et sucrée. Au moment de l'éjaculation, contractez les muscles de l'entrée de votre gorge pour éviter que le sperme ne s'écoule malgré vous dans l'œsophage. Si vous le pouvez, ne conservez que l'extrémité de son gland dans votre bouche et repliez votre langue en arrière, pour en faire une sorte de barrage entre votre gorge et le méat urinaire dont sort sa précieuse liqueur. Rabattez ensuite votre langue pour faire barrière à l'éjaculat et l'empêcher de se répandre dans votre bouche. Alors, vous pourrez recracher dans le mouchoir. Mais attention : si vous optez pour cette solution, faites-le avec un sourire dégagé, et non pas avec ce rictus dégoûté qui serait pour lui des plus blessants. Enfin, pour les plus téméraires d'entre vous : si le cœur vous en dit, vous pouvez bien sûr avaler son sperme – votre homme ne s'y opposera sans doute pas ! –, en le faisant passer au besoin avec de grandes rasades de soda bien frais.

28 **Le pétale de rose.** Votre homme serait bien avisé de lire les lignes qui suivent par-dessus votre épaule… Qu'il l'admette ou non, c'est pourtant là une réalité physiologique incontestable : après son gland, son anus est la zone la plus richement innervée de son corps – donc la plus sensible aux caresses qu'on peut lui appliquer.

Pourtant, rien de plus délicat, dans la pratique, que de toucher l'anus d'un homme sans y avoir été invitée ! Je me souviens encore d'avoir été traitée de tous les noms – y compris de mots qui en principe ne s'appliquent pas aux femmes… – par un amant occasionnel avec qui j'avais pris la liberté d'une très légère caresse à cet endroit si sensible. Mais « môssieu » n'aime pas ça, môssieu ne mange pas de ce pain-là, « môssieu » n'est pas une « tapette », et j'en passe. Ah ! comme il est regrettable de voir tant d'hommes se crisper de la sorte, dans leur corps comme dans leurs attitudes, dictées, on s'en doute, par le regard culpabilisant que la société patriarcale pose depuis toujours sur ce genre de plaisirs ! Ils ont beau rêver de nous sodomiser (→ 94), ils préféreraient parfois mourir que de reconnaître l'exquise sensibilité de leur propre anus !

Cependant, si vous avez détecté chez votre homme une relative ouverture à ce type de sujets, voici une caresse qu'il n'attend sans doute pas de votre bouche, et qu'elle est pourtant la seule à pouvoir lui donner avec une telle intensité.

Si votre élan n'est pas tout à fait spontané ou que cela vous mette simplement plus à l'aise, vous pourrez prévoir une lingette nettoyante, sans alcool ni conservateur, que vous passerez délicatement sur la zone considérée. Pour commencer, sortez l'extrémité de votre langue en pointe. Ne la dardez pas directement au centre de l'anus – votre homme aurait un inévitable mouvement de recul –, mais décrivez au contraire de petits cercles à la périphérie de l'œillet que dessine son anus. Commencez au-delà de la zone sombre, puis rapprochez-vous peu à peu du centre, en décrivant des cercles concentriques de plus en plus étroits. Si votre homme réagit favorablement, vous pourrez ensuite, si vous en avez envie, aller jusqu'à introduire l'extrême pointe de votre langue à l'entrée de son rectum. Inutile de préciser que cette douceur buccale peut s'accompagner d'une masturbation légère du pénis !

IV. Les positions qu'il espère... sans oser les demander

29 **La super-levrette.** Ah bon ? Il y aurait encore des hommes pour fantasmer sur la levrette ? Cette position n'est-elle pourtant pas ordinaire ? N'est-elle pas déjà le quotidien érotique de la plupart des couples d'aujourd'hui ? Franchement, aurait-on idée de fantasmer par exemple sur ce bon vieux missionnaire ? Non ! Alors quoi ?

Pourtant, si je vous racontais dans quel état met la plupart des hommes la seule évocation de deux partenaires à quatre pattes ! Est-ce l'animalité supposée de la posture ? Est-ce la pénétration objectivement très profonde qui lui est ainsi offerte ? Difficile à déterminer, mais j'ai tout de même ma petite théorie personnelle sur le sujet. Outre la vue imprenable qu'elle offre sur notre postérieur – et accessoirement sur la pénétration de son sexe dans le nôtre –, la levrette a en effet une particularité qu'elle ne partage qu'avec un tout petit nombre de positions du *Kama Sutra.* Vraiment, vous ne devinez pas ?

Eh bien, quand je dis qu'en levrette votre homme bénéficie d'une vue en cinémascope de votre croupe, c'est pour mieux vous faire comprendre qu'il ne voit en réalité que ça ou

presque – autant dire qu'il n'aperçoit pas grand-chose de votre visage. La levrette est donc pour lui la position de la pénétration anonyme par excellence !
Oh ! bien sûr, évitez de sortir ce petit couplet devant lui. Il pousserait les hauts cris et jurerait par tous les seins que c'est bien vous et pas une autre qu'il pénètre ! Pourtant, il aura beau jouer les parangons de vertu conjugale, c'est bien de cela qu'il s'agit. C'est bien à vous qu'il fait l'amour, oui, mais tout en baisant telle ou telle autre femme de ses fantasmes. Fidèle et infidèle à la fois. C'est pas le bonheur, ça ? Pour lui, ça ne fait aucun doute !
Or, mesdames, vous pouvez lui rendre la chose plus agréable encore avec la « super-levrette ». Késako ? Pendant l'acte, vous rentrerez complètement la tête dans les épaules, vous cambrerez vos reins au maximum et basculerez votre bassin vers l'avant pour que l'angle proposé par votre vagin permette une pénétration plus profonde encore. Le nirvana pour votre homme !

30 **Le soixante-neuf.** « Ils s'aiment et la traversée/Durera toute une année/Il pardonnera ses caprices/Jusqu'en 70/69, année érotique/69, année érotique… »
J'entends d'ici vos remarques dubitatives : dans la mesure où elle est au moins aussi classique que la chanson interprétée par Serge Gainsbourg et Jane Birkin, la position tête-bêche ne peut pas non plus être un vrai fantasme, dites-vous ? Vous n'avez pas tout à fait tort et, pourtant, cette posture, qui ressemble plus à une prise de catch qu'à un attelage amoureux, recueille toujours autant les suffrages de ces messieurs. Pourquoi ? Parce

que, si elle ne brille pas par sa tendresse, il faut bien lui reconnaître quelques réelles qualités sur le plan des sensations pures…

Pour dire les choses simplement et aller droit au but, le 69 est quasiment la seule chance qu'ont les amants ordinaires – vous, moi, eux – d'atteindre cette perfection qu'est l'orgasme simultané. Impossible ou presque à atteindre par la pénétration, il est à portée de bouche et de langue grâce à des caresses bucco-génitales savamment dosées.

Le seul véritable défaut du 69, au fond, c'est qu'il ne permet jamais de se laisser aller tout à fait : comme le « travail » est réparti équitablement entre les deux amants, il ne laisse aucun d'entre eux s'abandonner véritablement à son plaisir. Mais surtout, osons le dire et briser ici un tabou : sauf s'il est pratiqué en position allongée sur le côté, le 69 est profondément inégalitaire ! Celui qui occupe la position du dessous est toujours lésé par rapport à son partenaire du dessus. S'il vous est déjà arrivé, mesdames, de vous voir engouffrer d'autorité toute la longueur d'une verge en érection, vous comprenez de quoi je parle… Et côté garçons, reconnaissons que l'application brutale d'une vulve velue sur toute la surface du visage en conduit certains aux limites de la suffocation.

La plus belle offrande que vous puissiez faire à votre mâle moitié est donc d'accepter, le temps de cette acrobatique posture, d'occuper l'étage inférieur. Mais ne gémissez pas – si ce n'est de plaisir… –, car en contrepartie votre amant n'en sera que mieux placé pour s'occuper avec précision de votre clitoris. Comme quoi l'abnégation a parfois du bon !

31 **À la hussarde.** Vous le pensez gentil, tout doux, un vrai caniche de salon, alors qu'il se rêve en Attila, en conquérant, en général qui envahit des continents entiers et prend les femmes… à la hussarde ! Cette position lui offrira à bon compte le sentiment d'être l'un de ces cavaliers qui prend son plaisir comme on dévaste un village. Sans aller jusqu'à de telles extrémités, il suffira que vous vous allongiez sur une table assez longue et assez robuste – les grandes tables de cuisine font généralement l'affaire –, sur le dos, pour qu'il comprenne le message : quelque chose comme « Prends-moi, brute ! ».
Ces considérations purement fantasmatiques mises à part, il faut avouer que la posture n'est pas des plus désagréables, sexuellement parlant. Pour peu qu'il relève vos jambes et les fasse reposer par exemple sur ses bras ou sur ses épaules, l'angle de pénétration ainsi offert est tout à fait favorable : ses coups de boutoir seront profonds sans être douloureux, et seront surtout très précis puisque monsieur, bien campé sur ses deux jambes, pourra moduler avec finesse la manière dont il s'empare de vous.
Notez enfin, mes chéries, que cette position s'accorde fort bien avec les *quickies*, ces « petits coups rapides » consentis dans la chaleur de l'instant (→ 45), surtout si vous portez une jupe : il lui suffira alors de baisser votre culotte, ou simplement de l'écarter, puis d'ouvrir son pantalon pour partir à l'assaut. Excitante perspective, non ?

32 **Le fauteuil.** Contrairement à ce que croient certaines femmes, peu au fait des fantasmes mâles, toutes les initiatives féminines ne sont pas les bienvenues. Encore faut-il qu'elles

s'inscrivent, de près ou de loin, dans l'une des rêveries érotiques que votre homme a déjà conçues. Or, en voici une qui devrait flatter comme il se doit son vieux fond de mâle dominant : avec la position du fauteuil, faites-moi confiance, les risques d'essuyer un refus sont très maigres !

Attendez qu'il soit confortablement installé dans son fauteuil club ou son crapaud habituel. L'idéal est qu'il soit occupé à quelque lecture de son magazine préféré, ou abîmé dans la contemplation de l'un de ces programmes télévisés ineptes qu'il affectionne – sexiste, moi ? mais non ! Sous votre large jupe, vous aurez omis de porter une culotte. Approchez-vous du fauteuil par l'arrière et, après avoir déposé un baiser léger sur sa nuque, faites prestement le tour du meuble pour venir sauter sur ses genoux sans lui demander son avis. Tout d'abord surpris de ce chevauchement inopiné, il ne tardera pas à remarquer l'absence de lingerie entre vos jambes. Le message est clair.

La bonne nouvelle pour vous est que, dans cette position, vous êtes totalement maîtresse des mouvements de va-et-vient. En outre, si vous demeurez droite, votre poitrine sera à hauteur de sa bouche, et il pourra s'adonner à quelques jeux buccaux très plaisants pour vous deux. Ainsi, comme vous le plongez à la fois dans le rôle du maître que sa courtisane vient satisfaire et dans celui de l'esclave de votre corps qui l'entrave, votre homme appréciera sans aucun doute cette position de contrastes et de sensations mêlés qu'est le fauteuil. Une position délicieuse pour les hommes qui savent en apprécier toute la subtilité…

33 **La pompe.** Sachez-le : pour votre homme, le confort et même la symbolique d'une position ne primeront jamais les sensations que celle-ci lui procure. Or, d'après vous, quels sont pour lui les critères objectifs d'une « bonne » posture ? Qu'est-ce qui fait qu'une position sera pour lui plus renversante qu'une autre ? La vision qu'il a de son sexe et du vôtre, certes. Mais encore ? La liberté de mouvement du bassin qu'elle lui offre ? Correct. Mais est-ce vraiment l'essentiel ?

Vous allez sûrement tomber de haut, d'autant que peu d'hommes en sont eux-mêmes véritablement conscients, mais rien ne compte autant pour eux que... l'angle de pénétration ! Mince alors ! Tout ce cinéma pour un simple problème de géométrie dans l'espace ? Eh bien, oui : si vous voulez pleinement satisfaire votre homme, vous êtes bonne pour quelques révisions de trigonométrie !

Pour bien comprendre la suite, il faut savoir que le sexe d'un homme en érection ne dessine pas un angle droit : s'il repose à 90 degrés environ lorsque son propriétaire est debout, ce n'est que par simple effet de la gravité qui l'attire inexorablement vers le bas. La preuve : faites allonger votre bonhomme, et vous constaterez que son pénis érigé se stabilise naturellement autour de 45 ou 60 degrés environ par rapport au plan qu'est son ventre. D'ailleurs, lorsqu'il se masturbe, la position la plus confortable pour lui correspond à peu près à ces 45 degrés – en direction de son nombril, et non pas vers ses pieds, bien sûr !

Par conséquent, plus la position permettra une pénétration de votre vagin selon ce même angle, plus cette position sera pour lui agréable. En retournant le problème à l'envers – si j'ose dire –, vous comprendrez qu'en orientant votre vagin de sorte qu'il respecte lui-même cet angle de 45 degrés, vous lui offrirez une pénétration très profonde, donc des plus satisfaisantes. Cette position – presque – parfaite existe : on l'appelle communément la « pompe » ou le « siège ». Elle consiste pour vous, madame, à vous accroupir en crapaud sur votre partenaire, c'est-à-dire en suspension sur vos cuisses. Ainsi, c'est vous qui imprimerez le mouvement de va-et-vient en fléchissant et en allongeant alternativement vos jambes.

Néanmoins, attention à ce petit détail : la profondeur maximale de pénétration que permet cette position ne convient pas à toutes les femmes ! En outre, la pompe suppose un travail des cuisses qui, à la longue, peut s'avérer un peu douloureux.

34 **Le pont.** Désolée, madame, mais voici un autre casse-tête de droites à aligner et d'angles à respecter. Vous ne pensiez pas que vous seriez conviée ici à un cours de mathématiques appliquées, n'est-ce pas ? Mais c'est tout le charme de la sexualité que de vous surprendre encore et encore ! Le « pont » est une autre de ces postures qui offrent un angle de pénétration optimal pour le plaisir de monsieur. Orienté selon cette position, son sexe est parfaitement en contact avec les parois de votre vagin. Les sensations qu'il perçoit sur son gland, et plus précisément à sa base – sur la couronne et le frein –, sont tout simplement divines lorsque ce dernier pénètre en douceur le vestibule. Enfin, puisque c'est lui qui contrôle ici totalement la pénétration, il peut d'ailleurs être très plaisant pour vous deux qu'il entre et sorte son pénis de quelques centimètres seulement, plusieurs fois de suite,

avant d'y plonger l'intégralité. Ce « butinage » de votre fleur par ce gros bourdon sera un véritable délice pour l'un comme pour l'autre...

Mais passons à la technique. Allongée sur le dos, vous basculerez vos jambes le plus loin possible en arrière, idéalement jusqu'à faire reposer vos cuisses sur vos épaules si vous êtes assez souple. Si cela peut vous aider, vous pourrez placer un coussin sous vos fesses et/ou sous vos reins. Pour qu'elles ne retombent pas violemment, votre amant maintiendra vos jambes en extension à l'aide de ses bras plantés dans le sol et tendus comme les haubans d'un pont suspendu.

Sentiment de domination, pénétration ultraprofonde, sensations très fines sur le gland... Que pourrait-il exiger de plus, franchement ?

35 **Contre le mur.** Je vous l'accorde, mes chéries : pour nous, ce n'est ni la plus confortable, ni la plus excitante des positions. Mais il faut avouer qu'elle a de la gueule, ça oui ! Et, vu son côté « je te prends où je veux comme je veux », on peut comprendre que nos hommes y trouvent quelque satisfaction narcissique.

Certes pas des plus confortables, la posture n'a pourtant rien d'acrobatique, même si elle peut parfois mettre nos reins à rude épreuve. Face à un pan de mur ou au chambranle d'une porte, à un pas environ, penchez-vous en avant et prenez appui sur vos mains réunies. Tout le poids de votre corps est désormais porté sur vos bras, qui jouent le rôle de contreforts. Tendez vos fesses le plus en arrière possible et creusez votre dos pour offrir à votre homme une cambrure des plus tentantes. Écartez ensuite vos jambes de façon à obtenir une meilleure stabilité et à ouvrir légèrement vos fesses.

Votre partenaire, lui aussi bien campé sur ses jambes, vient vous pénétrer par derrière. Pour y parvenir, il doit placer son bassin légèrement en dessous de vos fesses. Selon vos tailles respectives, monsieur devra peut-être fléchir ses jambes pour que l'angle de pénétration ne provoque pas de sorties intempestives de son pénis.

Bien sûr, une telle position favorise les garçons les mieux dotés par la nature, mais, si la pénétration est possible, quel bonheur pour lui que cette levrette en station verticale ! Les mains solidement accrochées à vos hanches, il peut laisser d'autant plus libre cours à sa fougue que l'appui de vos bras vous permet d'absorber les chocs. Cette posture sera vécue par lui comme une grande chevauchée qui lui donnera l'impression de dompter une jument – ce n'est d'ailleurs pas par hasard que, spontanément, certains hommes saisissent votre chevelure comme la crinière d'un animal monté à cru. Si ce détail vous déplaît, vous pourrez toujours lui demander d'affaler son buste sur votre dos et de pétrir vos seins de ses mains ainsi libérées.

36 **La tour.** C'est vrai dans tous les cas et dans toutes les positions : fellation égale domination. Vous le savez déjà, inutile de développer cette équation. Néanmoins, tout ce qui pourra accuser un peu plus ce sentiment chez votre partenaire rendra la fellation que vous lui prodiguez tout bonnement inoubliable.

Debout, votre homme pourra, s'il le souhaite, s'adosser à un mur ou contre un meuble suffisamment résistant.

Agenouillée devant lui, vous serez dans une position idéale pour prendre son sexe en bouche. Pour suivre ses spasmes ou les légers mouvements de bassin qu'il sera tenté d'imprimer, vous pourrez aussi vous arrimer à lui en saisissant ses fesses à pleines paumes. De son côté, il pourra caresser votre tête, vos joues, vos épaules, mais sachez que ce geste de sujétion par excellence que constitue la pression de sa main à l'arrière de votre crâne, pour vous inciter à l'avaler tout à fait, l'excitera au plus haut point. Alors, pourquoi donc ne pas lui offrir ce menu plaisir ? Ravalez votre orgueil et laissez-lui croire, rien qu'un instant, qu'il est le « boss ». Toutefois, pour ne pas suffoquer soudainement, veillez à toujours maintenir un poing fermé à la base de sa verge. Cette butée sera votre meilleure garantie contre une pénétration totale et non désirée.
En outre, placé comme il l'est, votre homme jouira bien sûr d'une vue agréable sur votre bouche, mais aussi d'un accès idéal à votre cuir chevelu. Alors, puisque nous sommes une majorité à adorer ce type de massage, profitez-en pour lui saisir une main et l'inviter à vous pétrir le crâne du bout des doigts, comme s'il refermait les branches d'une pince.

V. Maintenir et relancer son désir

37 **Les messages multicolores.** Il faut en être consciente : prendre des initiatives sexuelles avec son homme est toujours à double tranchant. Généralement ravi de voir sa femme devenir aussi coquine que dans ses rêves, il a tôt fait également de vous en faire le reproche : son amante doit être garce à ses heures, oui, mais de préférence quand monsieur le décide ! Ce n'est pas qu'il n'aime pas les surprises, mais il préférera toujours une situation qu'il maîtrise à celles où tout lui échappe. Pire : certains iront jusqu'à s'imaginer que, si vous êtes soudainement aussi dévergondée, c'est que vous ne l'êtes pas qu'avec lui. Ainsi, il vous rêve sainte avec les autres, mais putain avec lui, tout en redoutant que ce ne soit évidemment le contraire qui finisse par arriver. En résumé, une femme entreprenante est toujours aussi suspecte que bienvenue !
Si vous décidez de lui offrir quelques jeux de votre cru, faites donc toujours attention à ménager le « mâle dominant », le chef de meute qui sommeille en lui : d'une part, il doit être en mesure de refuser ce que vous lui proposez, sans que vous en fassiez tout un foin pour autant. D'autre part, s'il mord à l'hameçon, il doit pouvoir vous rendre la

pareille. Libre et réciproque, tel doit être le contrat que vous lui proposez. S'il se sent contraint, coincé, pris au piège, n'en doutez pas un instant : il réagira mal. Et vous serez échaudée...

Un grand classique des jeux érotiques *soft* consiste à glisser, dans certaines de ses affaires personnelles, de petites notes coquines sur des papillons de couleur vive. Ces messages peuvent être de trois sortes : ils évoqueront un souvenir sensuel que vous avez en commun, ils annonceront ce que vous allez lui faire dès que vous vous retrouverez ou bien ils énonceront ce que vous voudriez qu'il vous fasse dès que vous en aurez l'occasion. Pour rendre la découverte de ces messages plus amusante encore, vous pouvez associer chacune de ces catégories à une couleur différente.

Déposez ces messages dans des endroits où : 1) vous êtes certaine qu'il les trouvera ; 2) auxquels vous êtes certaine qu'il est le seul à avoir accès – son portefeuille, la poche intérieure d'une veste... ; 3) sans rapport direct avec son travail – surtout pas dans la mallette de son ordinateur portable, dans ses dossiers, etc.

38 **L'amour codé.** « L'amour codé/C'est de la pudeur sur du désir/C'est de la tendresse qui se fait plaisir », chantait il y a quelques années le Toulousain Art Mengo – avec beaucoup de justesse, puisque toute relation sensuelle a ses rites, ses codes, ses messages secrets que seuls les deux amants savent décrypter.

Il y a bien sûr les codes que l'on s'invente sans y prendre garde, dans le feu de l'action, mais il est également possible – sans en faire non plus un javanais privé et complexe – de

créer de manière volontaire ces quelques références communes qui pimenteront vos échanges.
La formule la plus simple de ce jeu consiste à convenir, ensemble, de correspondances entre certains mots du vocabulaire quotidien et des zones bien précises de vos deux corps. Toute la subtilité de la chose réside dans le choix de termes assez courants pour qu'ils apparaissent de temps à autre dans la conversation, mais pas trop passe-partout pour ne pas ponctuer toutes vos phrases de sous-entendus salaces. Exemples : « ton sexe » = « escargot » ; « mon sexe » = « libellule ». N'établissez pas plus de cinq à dix correspondances pour chacun d'entre vous. Au-delà, vous vous emmêleriez joyeusement les pinceaux !
Le jeu consiste maintenant, au cours de vos discussions quotidiennes, soit à glisser tel ou tel terme codé, soit à repérer quand ils apparaissent dans les phrases prononcées par les autres. Ainsi, il pourra être particulièrement jubilatoire de parler, avec conviction et sérieux, d'une mémorable partie de « chasse à l'escargot » lors d'un dîner entre amis ou d'un repas de famille ! Vous seuls, bien sûr, saurez de quoi il retourne, et je vous fiche mon billet que la suite de la soirée, une fois que vous vous retrouverez tous deux dans l'intimité, sera plutôt animée…
Au jour le jour, ce petit jeu peut être tout simplement un moyen de communiquer vos envies ou de saisir celles de votre partenaire.

39 **Le réveil en forme.** Non, mesdames, le réveil au garde-à-vous de ces messieurs n'est ni systématique ni obligatoire ! Contrairement à une idée très largement reçue, l'érection matinale

n'est pas l'effet d'un pic hormonal ou d'un désir sexuel à heure fixe, mais une simple résurgence de la dernière phase de sommeil dit paradoxal. Celle-ci, correspondant aux périodes de rêve, est en effet caractérisée par diverses contractions musculaires involontaires, sous l'effet desquelles le pénis se gonfle de sang… pour offrir une érection tout à fait convaincante ! Ainsi, si le réveil intervient au cours d'un tel épisode ou peu de temps après, l'érection est maintenue, et le pyjama forme un magnifique angle droit quand monsieur se lève !

Je comprends bien que, certains jours, pour peu que le réveil de votre homme n'ait pas lieu à cet instant précis, vous puissiez espérer cette petite « gaule » du matin… Mais elle ne viendra pas. Dans un sens comme dans l'autre, rien d'alarmant à cela : c'est on ne peut plus naturel.

Alors, puisque nos chéris ne bandent pas tous les jours à 7 heures précises, raison de plus pour en profiter quand ce petit miracle survient ! Tous les hommes à qui j'en ai parlé m'ont confirmé à quel point les relations sexuelles matinales avaient pour eux une saveur toute particulière. Encore un peu ensuqués, et pourtant prêts à l'usage, chauds encore de la nuit, ils se sentent pousser une lascivité de chien en chaleur au moindre contact avec notre corps. Et puis il y a notre « odeur de nuit », nos dessous à moitié défaits… Tous m'ont dit aussi à quel point les sensations ressenties par le gland sont aiguës au réveil, en particulier au cours de ces fellations qu'on leur prodigue éventuellement au petit matin.

Le seul bémol à ce petit déjeuner « pleine forme » est l'inévitable coup de fatigue trop souvent consécutif à l'éjaculation. Mais, heureusement, celui-ci est le plus souvent contrebalancé par l'afflux d'adrénaline dans le sang associé au réveil !

40 **La douche surprise.** Combien de temps votre homme passe-t-il sous la douche ? Cinq minutes ? Dix les grands jours ? Quinze les soirs de match, quand il s'est roulé dans la boue ?
Bien sûr, oubliez les matins dans les starting-blocks, quand il part la veste sur le bras et la tartine beurrée encore à la main… Vous n'obtiendrez rien de plus ces jours-là. En revanche, s'il se glisse sous l'eau chaude avec l'intention de se faire plaisir autant que de se décrasser, alors n'hésitez pas un instant : rejoignez-le.
Dans l'inconscient masculin, l'élément liquide nous est associé, à nous les femmes. Mémoire reptilienne du liquide amniotique maternel ? Abus de publicités pour les gels douche avec des femmes dénudées ? Toujours est-il que, pour lui, nous y sommes naturellement dans notre élément. Alors, profitez-en pour lui prouver qu'il ne se trompe pas, mais que l'eau vous donne en outre certaines pulsions incontrôlables, que vous n'êtes pas l'eau dormante qu'il imagine parfois, mais bien une eau vive, une eau qui va l'emporter loin, très loin…
Attendez qu'il tourne le dos au rideau ou à la porte coulissante, puis surprenez-le en venant coller la totalité de votre corps à son dos mouillé. Prenez-lui des mains la pomme de douche, et mettez-vous à sa température en vous aspergeant tous deux généreusement. Tout en arrosant son torse, caressez-le d'une main ferme. Si le savon ou le gel est à portée de main, étalez-le généreusement, puis rincez tout en poursuivant vos grands gestes circulaires du plat de la

main. N'hésitez pas à saisir son sexe et, puisque vous êtes là, profitez-en pour le décalotter et le rincer en douceur.
Maintenant que monsieur est tout propre, fini le jeu de la maman ! Voici venu le temps de la maîtresse. Retournez-le, face à vous. Embrassez-le, longuement, en aspergeant par instant vos baisers. Collez-vous à lui et caressez son corps avec le vôtre en jouant sur le pouvoir glissant de vos corps humides. C'est divin, non ?
Puis jouez la tentatrice en vous éloignant un instant de lui. À vous de faire la belle au bain en arrosant vos cheveux, votre ventre et – vision sublime pour lui – vos fesses et vos seins. Cambrez-vous, bombez le torse : l'effet sera d'autant plus esthétique que vos rondeurs seront exaltées. Vous verrez, c'est imparable, il ne tiendra pas bien longtemps avant de venir se coller de nouveau à vous. Si le cœur vous en dit, vous pouvez alors vous agenouiller – prudemment, si le fond de la baignoire est en mode savonnette – et le gratifier d'une petite fellation. Les circonstances vous permettent d'ailleurs de lui offrir une variante amusante : emplissez votre bouche d'eau, puis prenez son sexe à l'intérieur et faites tourner l'eau autour de son gland comme s'il était pris dans le tambour d'une machine à laver ! Si l'image vous paraît peu évocatrice, vous verrez que lui va adorer ça !

41 **La sieste crapuleuse.** Il y a deux manières de présenter la chose. « Chéri, je vais faire la sieste, je suis vannée… Ne me dérange pas pendant une heure. » Là, peu de chances qu'il détecte vos petites idées derrière la tête. En revanche, la seconde version sera pour lui beaucoup plus limpide : « Chéri, je vais faire la sieste, tu me rejoins ? Dans pas trop longtemps ? »

L'expression « sieste crapuleuse » m'a toujours semblé antinomique dans ses termes : comment une sieste peut-elle être crapuleuse, puisqu'il est question de dormir ? Pourtant, si l'on s'intéresse un peu à la chimie de notre cerveau, on comprend que sommeil et sexe ne sont pas si opposés qu'on le croit, notamment parce que c'est la même région du cerveau, l'hypothalamus, qui contrôle pour partie ces deux fonctions vitales. C'est pourquoi tout déséquilibre dans un domaine tend à se répercuter sur l'autre. Par ailleurs, diverses études prouvent que la tension sexuelle est à son apogée le matin vers 8 heures, pour redescendre ensuite en cours de matinée, avant de reprendre en début d'après-midi... vers 14 heures ! Au moment de la sieste, donc. CQFD.
Entre galipettes et dodo, il faudrait donc choisir, puisque faire les deux à la fois semble peu réaliste. Soit. En revanche, l'un *puis* l'autre, voilà qui est vivement conseillé ! En effet, l'orgasme – féminin ou masculin – est notamment accompagné de la libération d'une hormone, l'endorphine, qui prédispose à l'endormissement. À l'inverse, si le désir est trop fort et s'il n'est pas satisfait, les deux énergies lutteront, et il sera bien difficile de trouver le sommeil. Vous avez déjà connu ça, peut-être ? Bref, si vous voulez que votre homme puisse se reposer pleinement, offrez-lui l'épuisement préalable qui convient !
Blague et hormones à part, la lascivité horizontale des heures chaudes de la journée, en particulier en été, donnera l'occasion à votre partenaire d'exprimer d'autres facettes de sa libido. Lui que vous connaissez en d'autres circonstances si fougueux, impétueux, parfois même un peu brusque, le voici tout à coup beaucoup plus doux, lent et câlin. Parce que le rapport commence bien souvent par

deux corps habillés et vaguement assoupis l'un à côté de l'autre, la sieste crapuleuse est particulièrement propice aux positions « flemmardes » où la complicité l'emporte sur les sensations fortes et les performances, comme, par exemple, la « cuillère » : tous deux allongés sur le côté, lui derrière vous, collé contre votre dos et vos fesses.

42 **Un massage tout en rondeurs.** Franchement, entre nous, exception faite de quelques mois d'allaitement au cours de votre vie, à quoi vous servent vos seins au quotidien ? « Euh, eh bien... À rien ! Les seins ne sont pas là pour servir à quelque chose », me répondrez-vous, sans doute décontenancée par la question. Alors, vous avez beau savoir que votre homme adore les toucher, les pétrir et, plus encore, les sucer – ah ! ces résurgences de la toute petite enfance ! –, vous ne voyez pas bien comment faire de ces attributs pour le moins passifs des acteurs à part entière de votre sexualité. Et même, je parie que vous ne vous êtes jamais vraiment posé le problème en ces termes.

Eh bien, permettez-moi de vous le dire, c'est un tort ! Si votre homme adore manipuler vos seins avec ses mains, sachez que les sensations provoquées par leur contact sur le reste de son corps sont de nature à lui faire perdre la tête. En clair, plutôt que de vous laisser passivement masser les seins – et souvent maladroitement, avouez –, pourquoi ne le masseriez-vous pas, dans l'autre sens, avec vos magnifiques appendices ?

L'idéal est qu'il repose de tout son long sur le dos. Commencez par pencher votre buste sur son ventre, ses cuisses, son pubis, mais sans presser votre poitrine : votre homme doit sentir la chaleur, la douceur et, plus encore, le poids de chaque globe, sans que ceux-ci s'écrasent pour autant tout à fait. Et puis, au passage, cela sera moins douloureux pour vous.

S'il se laisse faire voluptueusement, comme je le suppose, vous pourrez l'achever par un lent balayage de son visage. Attardez-vous bien sûr sur ses yeux, son nez et, mieux encore, sa bouche. Il n'est pas impossible que vous finissiez vous aussi par vous échauffer, auquel cas vos mamelons ne tarderont pas à pointer vers le bas. Alors, vous pourrez vous amuser à le « piquer » avec ces excroissances tendues et néanmoins très moelleuses. Pour finir, faites volte-face et, la tête en direction de ses pieds, caressez son sexe avec vos pointes érigées. Naturellement, il est possible que cette situation dégénère en un 69 bienvenu, mais c'est à vous de voir...

Une fois vos ébats conclus en beauté, n'oubliez surtout pas de coller votre buste à son dos. Cette présence rebondie contre lui accompagnera idéalement la période de calme et de moindre exaltation – la période dite « réfractaire » – qui suit ses orgasmes.

43 **Entre nos seins.** Gros seins, petits seins, tombants, fiers, en poire, et j'en passe : rien de plus divers, d'une femme à l'autre, que ces deux globes !

Comme la plupart des femmes, je n'ai personnellement jamais été très satisfaite de mes seins : je les trouvais trop petits à vingt ans, quelconques à trente, flasques à quarante... Maintenant, je n'y fais plus attention... et ça vaut mieux comme ça ! La nature est bien injuste en la matière, il faut le reconnaître. Un après-midi d'été sur une plage qui autorise les seins nus suffit à s'en convaincre... mais aussi à constater au bout du compte que les beaux seins, c'est-à-dire à la fois assez gros, ronds, fermes et bien dessinés, sont à peu près aussi rares que les culs parfaits. On se rassure comme on peut, n'est-ce pas ?

Eh bien, sachez qu'il est une pratique dont raffole l'immense majorité des hommes, et qui rend soudain presque toutes les femmes égales, comme par magie, au regard de leur poitrine. Que vous soyez dans la catégorie « mini » ou « maxi », « dressée » ou « affalée », cela ne fait aucune différence, puisque c'est allongée que vous vous livrerez à cette pratique. À ce propos, je ris encore au souvenir de cet amant qui, m'ayant vue d'abord étendue sur son lit, s'étonna quand je me fus relevée : « Ah oui ! Finalement, tu as un peu de seins, quand même... » Ce « quand même » trahissait toute l'incapacité des hommes à évaluer une poitrine lorsque vous et moi ne sommes pas en station debout !

Or, malgré ma relativement « petite » poitrine, j'ai toujours obtenu de vibrants *satisfecit* de la part de ces messieurs à qui j'offrais ce que l'on appelle en langage courant – vous me pardonnerez – une branlette espagnole.

C'est que, même s'ils sont réduits, vous pouvez toujours prendre vos seins en mains et les rapprocher l'un de l'autre, les deux globes ainsi réunis formant dans tous les cas une rigole – ou un canyon, selon la taille de votre poitrine. Votre amant pourra alors se mettre à califourchon sur votre buste, en veillant à ne pas peser sur vous de tout son poids, pour ne pas vous couper le souffle. Il introduira alors son sexe dans la cavité ainsi formée. Là, à lui d'appliquer un mouvement de va-et-vient plus ou moins rapide, et à vous de comprimer plus encore vos seins autour de sa verge.

Et, si son gland remonte assez haut vers votre bouche, pourquoi ne pas gratifier le sexe de votre homme de quelques petits coups de langue à son extrémité ? On appelle cette seconde version une « cravate de notaire », mais je serais bien en peine de vous expliquer pourquoi : d'une part, je n'ai jamais eu de rapports avec un notaire ; d'autre part, j'ai toujours éprouvé quelques difficultés à fantasmer sur leur sexualité !

44 **Divines contractions.** On prétend parfois que les techniques de contractions vaginales sont d'origine orientale. Je ne sais si c'est vrai, mais le fait est que toutes les femmes du Maghreb ou du Moyen-Orient avec qui j'ai eu l'occasion de discuter de leur manière spécifique de faire l'amour se vantaient de maîtriser cet art consommé du massage vaginal. Là, j'entends cette question qui brûle vos lèvres, excitées que vous êtes à la perspective d'offrir à votre homme les douceurs d'une fille de harem : « Mais encore ? Dites-nous tout ! » Eh bien, minute ! J'y viens.

Tout d'abord, un petit rappel anatomique. Le vagin proprement dit n'est qu'un conduit inerte – élastique, certes, mais dépourvu de la moindre motricité. Sa tonicité, il ne la doit qu'au faisceau de muscles présents dans la région comprise entre le pubis – à l'avant – et le périnée – à l'arrière – et qui l'entourent tout entier. Les plus importants d'entre ces muscles qui ceinturent le vagin dans sa partie inférieure, c'est-à-dire proche de l'entrée, sont les muscles pubococcygiens.

C'est une bien triste réalité, mais le fait est que, au cours des rapports, le vagin est la plupart du temps considéré comme un organe totalement passif : au pénis l'action virile ; au vagin le rôle peu gratifiant de simple réceptacle. Or les femmes peuvent renverser cette supposée hiérarchie en soumettant leur vagin à des exercices musculaires réguliers, pour en faire un membre au moins aussi actif que la verge qui le pénètre.

Les exercices dits « de Kegel », du nom du gynécologue américain qui les a popularisés, ont pour but de faire travailler les muscles en question. Pour les localiser, rendez-vous aux toilettes et exercez-vous à stopper net le jet d'urine qui s'écoule : les muscles qui se contractent alors sont ceux que vous cherchez ! Ensuite, allongée sur votre lit, essayez de les contracter de nouveau. Pour le vérifier, introduisez un doigt dans votre vagin : si vous sentez une contraction tout autour du doigt, c'est que vous avez visé juste !

L'exercice à proprement parler, maintenant, consiste à contracter ce muscle pendant trois ou quatre secondes, sans le relâcher. Répétez l'opération une dizaine de fois, en laissant dans un premier temps un intervalle de plusieurs secondes entre deux contractions, puis en accélérant le rythme, de sorte que votre vagin finisse par vous donner l'impression qu'il palpite.

Vous y arrivez ? C'est une bonne nouvelle pour vous… et une excellente pour lui ! Pratiqués au moins deux ou trois fois par semaine, ces exercices ont pour effet de rendre le vagin plus étroit, mais aussi de vous rendre capable de le serrer à volonté autour du sexe de votre partenaire pendant le coït. Idéalement, vous n'appliquerez pas ce petit tour de magie dès le début de la pénétration : laissez d'abord monter l'excitation de votre partenaire, puis commencez à le serrer de la sorte dès qu'il s'arrête pour contenir son éjaculation ou, au contraire, lorsque vous percevez les premiers spasmes annonciateurs de son orgasme.

45 **Le *quickie*.** Pas besoin d'avoir fait ses études à Harvard pour comprendre ce que recouvre ce petit mot d'anglais à la sonorité amusante. *Quickie* : littéralement, le « petit rapide ». Ajoutez le mot « coup » entre ces deux termes, et vous aurez tout compris ! Je sais, l'expression vous agace au moins autant que la chose vous frustre, « petit coup rapide » équivalant bien souvent, dans notre vocabulaire, à une vulgaire « baise » bâclée en 6-4-2. Bref, on est bien loin du « septième ciel », ou tout simplement de « l'acte d'amour » tel que nous le concevons habituellement. Croyez-moi, je suis la première à dire que l'amour, ce n'est pas trois petites minutes de coït à la va-vite. Grande prêtresse des préliminaires, je ne peux moi non plus me résoudre à ce que nos rapports se résument à cette ridicule gymnastique réalisée dans la précipitation. Pourtant, nous faisons vous et moi deux erreurs élémentaires à ce sujet.

La première de ces erreurs est de subir les choses plutôt que de les prendre en main. Si nous attendons toujours que ces messieurs prennent l'initiative des rapports, nous nous exposons inévitablement à des galipettes en accéléré, n'est-ce pas ? Eh bien, le *quickie*, ce n'est pas ça ! C'est un acte sexuel dont chacun des partenaires sait par avance qu'il sera bref. Or, si vous souhaitez de vrais rapports longs et langoureux, offrez donc à votre homme ce genre de petites récréations : il n'en sera que plus satisfait et mieux disposé à vous offrir ensuite de grandes et belles chevauchées.

La seconde erreur consiste à penser qu'un *quickie* se limite nécessairement à une pénétration vaginale. Mais non ! Trois fois non ! Ce peut être en réalité n'importe quel acte sexuel complet – c'est-à-dire avec orgasme de l'un ou l'autre des partenaires, voire des deux. Une petite fellation au sortir de la douche (→ 40), un cunnilingus improvisé sur la table de la cuisine, une masturbation discrète dans la voiture… Autant de petits cadeaux sexuels à s'offrir l'un à l'autre, pour le seul plaisir d'entretenir la flamme…

46 **Je te dirai les mots crus.** En matière de mots crus, il est difficile de forcer un talent ou un instinct que l'on n'a pas. Alors que la plupart des hommes aiment à être un brin orduriers, ne serait-ce que de temps à autre, les femmes se divisent clairement en deux camps : celles qui se lâchent verbalement pendant leurs ébats, et… les autres.

Autant dire que, si vous appartenez à la seconde catégorie, satisfaire le goût de votre moitié pour l'injure érotique sera probablement au-dessus de vos forces. D'ailleurs, mon expérience de la chose m'a prouvé que, chez les garçons aussi, il y a ceux qui apprécient que leur chérie déborde verbalement, et ceux que cela a tendance à légèrement bloquer.

Pas facile d'accorder nos violons, surtout lorsqu'ils deviennent dissonants et que chaque tentative de l'un ou de l'autre provoque un couac. En vérité, je vous le dis, mes sœurs, le meilleur moyen de mettre tout cela au clair – et de satisfaire monsieur en passant – est de tâter prudemment le terrain. Alors, plutôt que de vous lancer à brûle-pourpoint dans une bordée de « défonce-moi le cul bien fort, mon amour ! », invitez-le d'abord à dire ce qui lui plaît ou ce qui

lui passe par la tête. Si ses propres excès langagiers vous heurtent, là, j'admets que je ne peux plus rien pour vous, mes petites cailles : c'est toute une éducation à refaire ! Néanmoins, vous pouvez encore poser après coup quelques limites : « Tout ce que tu veux, mais évite “sale pute” ou “chiennasse”. » Il n'aura rien à redire à ces quelques restrictions si par ailleurs, en pleine action, vous le suppliez avec un feulement de louve en rut : « Parle-moi mal ! »
Une fois que vous l'aurez autorisé et, mieux encore, incité à débrider son expression amoureuse, de deux choses l'une : soit cela vous laisse de marbre et suffit à le contenter, auquel cas vous veillerez toujours à ce qu'il ne franchisse pas les limites que vous lui aurez fixées ; soit cela vous excite un peu aussi, tiens ! finalement... et vous voilà parfaitement libre de rajouter un soupçon de « baise-moi ! » et une pincée de « tu vas jouir, mon salaud ! » – ou tout ce que vous désirez, bien sûr...
Attention, toutefois : s'il faut retenir une règle et une seule, c'est que ce type de transgression admet difficilement de retour en arrière. Si votre homme pense que ses mots crus vous transportent, il aura beaucoup de mal à admettre que vous souhaitiez tout à coup qu'il demeure muet pendant l'amour...

47 **D'enivrants effluves.** Dans *Parfum de femme*, le magnifique film de Dino Risi, Vittorio Gassman interprète un militaire à la retraite, aveugle de surcroît, que la seule senteur d'une femme dans un train suffit à transporter d'aise, convoquant mille souvenirs.
Dans la vraie vie, tous les hommes ne sont pas des nez aussi fins que ce personnage. Certains sont rebutés par la moindre

aisselle aux fragrances pourtant assez douces, entre les fruits et les épices, selon la nature de notre peau ; d'autres se plaignent de nos odeurs intimes, souvent acidulées – la faute aux lactobacilles présents dans la flore vaginale.

Toutefois, quand ces messieurs se piquent de fantasmer sur nos effluves, soyez-en convaincues, rien ne peut freiner leur passion ! Le moindre petit bout de peau, la moindre exhalaison, même timide, peut les mettre dans des états indicibles. Retenez à ce propos que nos zones les plus odorantes, donc les plus appréciées de ces fétichistes, sont la nuque, le pli du cou, l'arrière de l'oreille, les cheveux, la naissance des seins, les aisselles, le pli intérieur du coude ou les poignets, le sillon des fesses, la vulve, et enfin l'intérieur des cuisses.

Si jouer les démonstratrices en parfumerie vous amuse modérément, vous pouvez néanmoins satisfaire leur péché mignon sans que cela devienne pour vous une contrainte : il vous suffit de conserver vos sous-vêtements du jour ou de la veille à disposition de votre homme. Au besoin, si vous estimez qu'ils ne « sentent » pas assez, frottez-les un instant dans votre cou, sous vos bras ou entre vos jambes. Mieux encore : laissez-les traîner négligemment dans des recoins de votre logement où vous êtes sûre qu'il tombera dessus. Après vingt-quatre heures, les odeurs s'évaporeront ou deviendront plus aigres : inutile, donc, de lui refiler vos vieilles culottes qui croupissent depuis une semaine dans le panier de linge sale…

Enfin, les plus furieux d'entre eux apprécieront votre odeur intime après l'amour. Dans ce cas, renfilez donc une culotte juste après votre rapport, pour qu'elle s'imprègne de vos « liqueurs d'amour » amoureusement mêlées, et offrez-lui ce présent quelques heures plus tard… Juré, votre homme sera au paradis !

VI. Lorsqu'il nous rêve multiple

48 **L'« ethnique ».** « Je fais souvent ce rêve étrange et pénétrant/D'une femme inconnue, et que j'aime, et qui m'aime/Et qui n'est, chaque fois, ni tout à fait la même/Ni tout à fait une autre, et m'aime et me comprend./[...]/Est-elle brune, blonde ou rousse ? Je l'ignore. Son nom ? Je me souviens qu'il est doux et sonore. » Qui d'entre nous n'a pas appris le magnifique *Rêve familier* de Paul Verlaine au collège ? Et surtout, quel jeune garçon n'a pas dessiné ses premières cartes de France nocturnes en se berçant de cette illusion typiquement masculine qui consiste à imaginer que sa vie sexuelle sera faite d'autant de plaisirs qu'il y a de femmes sur la Terre ? Pour dire les choses autrement, l'homme est polygame par essence. Comprenez-moi bien : ce n'est pas un jugement de valeur, c'est un fait. Placé ici-bas pour semer, il ne cesse de le faire à tous vents. On parle parfois d'« instinct de conquête », de « chasse », ou même de « pulsion du collectionneur ». Mais tout cela n'est pour moi que littérature...

Contrairement à ce que l'on dit si souvent, l'homme ne veut pas conquérir, il veut emprunter. Il est comme un chapardeur de voiture qui veut s'offrir pour quelques instants la griserie de la conduite d'un modèle qu'il n'a encore jamais essayé. Moins chasseur que joueur, il a ce besoin inextinguible de « prendre le volant » d'autant de femmes qu'il pourra. Pas très noble, comme attitude ? Une fois encore, en matière de comportements sexuels, il ne s'agit pas de définir une frontière étanche entre ce qui est bien et ce qui ne l'est pas, mais plutôt de savoir comment nous pouvons nous adapter, nous les femmes, à cette expression assez déconcertante de l'éternel masculin.

Reprenons donc l'équation à sa base : mon homme désire toutes les femmes ; or, il n'a que moi pour femme et je ne souhaite pas qu'il aille voir ailleurs ; donc je n'ai d'autre choix, si je veux canaliser ses pulsions, que d'incarner moi-même ces autres femmes. Mais, problème, si je peux interpréter facilement d'autres rôles que le mien – après tout, je suis une femme, je fais donc ça à longueur de journée, tour à tour « killeuse » dans mon business, épouse digne, cuisinière hors pair et maman si patiente –, je peux difficilement modifier mon physique. Pire : comme l'illustre bien le film *Time,* du cinéaste coréen Kim Ki-duk, changer de physique ne suffit pas toujours à relancer le désir défaillant de son partenaire.

Néanmoins, sans aller jusqu'à recourir à la chirurgie esthétique, il peut être amusant, pour lui comme pour vous, de revêtir parfois les attributs d'une autre culture, voire d'une autre origine ethnique que la vôtre : par exemple, un kimono, un chignon serré, un rasage du pubis version « ticket de métro », une poudre blanchissante sur le visage et, pour finir, un peu de ruban adhésif sur les tempes pour brider légèrement vos yeux… et vous voilà devenue une Japonaise tout à fait convaincante !

49 **La pucelle.** L'habit fait le moine, je vous le concède bien volontiers. Pourtant, un changement d'apparence radical, même réussi, ne suffira jamais à convaincre tout à fait votre homme que vous êtes devenue une autre. Pour muer en cette inconnue qui va le captiver, vous devez non seulement lui ressembler, mais aussi et surtout vous comporter comme telle. C'est pourquoi tant d'hommes sont sensibles à ces rôles que nous acceptons de jouer dans l'intimité.

Paradoxe amusant : autant cela les excite quand il est clair qu'il s'agit d'un prélude amoureux, autant cela les agace quand nous interprétons au quotidien l'une ou l'autre de ces femmes « prototypes » : « Arrête de faire ta gamine », « Dis donc, t'en as pas marre, de jouer les salopes ? », et j'en passe. Si chaque homme est plus sensible à tel personnage qu'à tel autre, il est assez facile d'établir un panthéon des rôles féminins qui les excitent le plus. Ainsi, vous pouvez être à peu près certaine qu'en piochant dans les pages suivantes vous finirez par viser juste. Pourquoi ? Parce que ces fantasmes correspondent globalement à trois besoins masculins fondamentaux. Certaines de ces femmes – et les corporations qu'elles représentent – en incarnent un seul ; d'autres, plusieurs à la fois : 1) le besoin de prise en charge (l'infirmière ou la maîtresse d'école, par exemple) ; 2) le besoin d'explorer l'inconnu et de poursuivre un objet qui lui échappe (la femme rencontrée sur Internet, la prostituée, la « hardeuse ») ; 3) le besoin de transgresser les interdits (la religieuse, la femme enceinte, la mariée).

Or l'on pourrait en ajouter un qui correspond très spécifiquement à la figure de la pucelle qui nous intéresse ici : le fantasme de l'explorateur. Découvrir une terre nouvelle, fort bien, mais l'excitation est à son comble si l'homme se sait le premier à y poser le pied – ou, en l'espèce, la main… ou autre chose encore. Alors, à défaut de vous refaire littéralement cette virginité que vous avez perdue il y a belle lurette, vous pourrez facilement flatter l'appétit de votre Christophe Colomb domestique en jouant la douce comédie de l'effarouchée. « Oh non ! pas déjà ! », « Tu n'y penses pas », etc. Bien sûr, ces « non ! non ! non ! » l'émoustilleront d'autant plus qu'ils seront suivis des « oui ! oui ! oui ! » de votre reddition enthousiaste…

Plus prosaïquement, quelques artifices entretiendront avantageusement l'illusion : vêtements *teenage* en taille 16 ans – si vous avez la chance d'entrer encore dedans –, lingerie en coton, sexe rasé de près, cheveux attachés à la manière d'une collégienne, maquillage grossier et de couleur vive – mentions spéciale au rose, au violet et au turquoise –, seins nus sous un haut ajusté, etc. Pour parfaire cette mise en scène, quelques contractions vaginales volontaires (→ 44) au moment de la pénétration contribueront à lui donner l'impression troublante que vous êtes plus « étroite »…

50 **L'infirmière.** Un fantasme se nourrit de tout – ou plutôt, pour être plus précise, tout peut contribuer à l'alimenter. Pour avoir été moi-même hospitalisée à plusieurs reprises, j'avoue avoir toujours eu du mal à comprendre ce que mes hommes, et les hommes en général, pouvaient bien trouver aux infirmières, celles qui se sont occupées de moi portant le plus souvent un affriolant « petit » 48, des gaines de maintien et un subtil filet de moustache sur la lèvre supérieure…

Alors, que peuvent bien s'imaginer nos mâles pour tant aimer ce scénario où nous passons à notre tour la blouse blanche, à même notre corps dénudé ? Sont-ils si enfants qu'ils prennent encore au pied de la lettre l'expression « jouer au docteur » ? Moi, le monde médical me file des sueurs froides, et les brancardiers me font davantage penser à des garçons bouchers qu'à des Chippendales.

Et pourtant, je vous répète que tout peut contribuer au pouvoir d'évocation d'un fantasme. Nous touchons ici du doigt l'importance des diverses corporations professionnelles dans l'imaginaire érotique masculin, chaque métier véhiculant sa part de mystère, de rumeurs, de légendes… Vous trouverez toujours un ami interne en médecine dans un quelconque CHU, par exemple, pour vous raconter comment, dans son établissement, les infirmières sont véritablement nues sous leurs blouses, ou bien comment il a surpris le chef de service grimpé sur l'une d'entre elles dans une salle d'opération désaffectée.

Et peu importe si les anecdotes de ce genre sont plus destinées à distraire les patients angoissés que de nature à illustrer le quotidien des personnels de santé ! L'essentiel, c'est que votre homme ait suffisamment envie d'y croire pour stimuler son désir, que de ce fantasme collectif, pour ne pas dire « cliché » – ah ! les petites infirmières, quelles coquines ! – il fasse un film au scénario certes prévisible, mais d'autant plus stimulant qu'il est justement partagé par le plus grand nombre. Projeter une histoire très populaire, mais dans le théâtre privé de son imaginaire, voilà le principe même du fantasme.

Cela étant établi, n'hésitez donc pas à en faire des tonnes ! Plus vous vous inscrirez dans une imagerie codifiée, rabâchée, plus l'effet sera grand. Blouse blanche, donc, mais aussi bas blancs et chaussures blanches à talons. Si vous conservez une lingerie sous la blouse, choisissez-la blanche ou, mieux encore, rouge sang. Évoquez à haute voix les soins que vous allez apporter à votre « grand malade », qui devra demeurer sagement allongé, docile, à votre merci. Toute son excitation viendra de la manière dont vous saurez jouer de ce paradoxe : vous êtes à son service, mais il est à votre merci.

51 **La maîtresse d'école.** Finalement, la plus grossière erreur que nous puissiez faire, mes très chères sœurs, dans cet exercice délicat qui consiste pour nous à incarner les figures fantasmatiques de notre chéri, serait de tomber dans le piège du réalisme : un fantasme qui prend corps ne doit pas pour autant avoir le corps du fantasme. Comment ça, je ne suis pas claire ?
Prenons pour exemple ce personnage qui plaît tant à nombre de ces messieurs, pour la simple et bonne raison qu'il a bercé leur enfance : l'institutrice. Franchement, je doute fort que la Mlle Pinson qui inculquait les rudiments de la conjugaison à votre homme en CM2 ait pu ressembler d'une quelconque manière au spectacle que vous allez lui offrir…
Une maîtresse fantasmatique portera volontiers un chignon haut placé, un tailleur gris souris dont la jupe tombera à mi-cuisses, des talons noirs, et surtout un chemisier blanc à large col, si échancré que la dentelle de son balconnet à armatures apparaîtra chaque fois qu'elle se penchera sur l'un de ses élèves – ou, plus précisément, de son unique élève, puisqu'il est bien entendu que, comme toute enseignante qui se respecte, vous aurez un chouchou.
Commencez donc par lui donner des devoirs, de petits exercices simples qu'il réalisera avec application : une caresse sur telle de vos zones érogènes, un cunnilingus agenouillé entre vos pieds, etc. S'il s'exécute mal, n'hésitez pas à l'envoyer au

coin ou à lui donner quelque punition. Dans ce cas, vous le prendrez sur vos genoux, baisserez son pantalon et lui administrerez la plus coquine des fessées, du plat de la main, jusqu'à ce que les deux demi-lunes rosissent légèrement. Ah, ça ! on peut dire que vous êtes une instit' à l'ancienne ! Or, précisément, ce côté délicieusement régressif ne pourra que faire jubiler le petit garçon qui sommeille en lui. Si vous parvenez à un rapport complet, n'oubliez pas de noter sa prestation – et en priorité ses performances à l'« oral », cela va sans dire.
Si ce fantasme devient récurrent, remettez-lui de temps à autre un bulletin avec l'ensemble de ses notes. Et bien sûr, quels que soient ses résultats, n'hésitez pas à le faire systématiquement redoubler !

52 **La mariée.** Traditionnellement, la mariée se confond avec la pucelle (→ 49) dans la mesure où les jeunes femmes se devaient jadis d'arriver vierges au soir de leur nuit de noces. Promise à son futur époux par leur engagement réciproque lors des fiançailles, on peut même dire que la future mariée a longtemps été la plus intouchable des femmes – intouchable pour son futur époux, et plus encore, on s'en doute, pour les autres hommes. Seul le tabou de l'inceste est apparu de tous temps comme un interdit dont la transgression était plus condamnable encore.
Faire l'amour à une femme fraîchement mariée, *a fortiori* si cette femme n'est pas la sienne, c'est non seulement faire injure aux lois des hommes et de la génétique – on impute la prohibition de l'inceste à un souci naturel de renouveler le patrimoine génétique de l'espèce –, mais, bien pire, à la loi de Dieu. Dans toutes les grandes religions monothéis-

tes, le mariage est un sacrement, et l'acte de chair avec une jeune mariée, rien de moins qu'un sacrilège.
Ainsi, en ressortant cette longue robe blanche de sa naphtaline – si vous n'avez jamais été mariée, les friperies et autres puces débordent de vieux modèles rétro en dentelle –, vous offrirez non seulement à votre homme un sacré coup de jeune, mais aussi un grand frisson iconoclaste assez inédit.
Par ailleurs, abstraction faite de ces aspects symboliques, le fantasme de la mariée n'est pas dépourvu de quelques avantages très pratiques. Il est notamment très propice aux ébats qui durent. Selon la sophistication de la robe, la tâche du déshabillage peut en effet prendre un certain moment, que vous pourrez mettre à profit pour un interminable strip-tease ou, plus simplement, pour lui donner à (re)découvrir chacune des parties de votre corps.
Néanmoins, attention ! Si votre partenaire et vous n'êtes pas déjà mariés, évitez de lui faire la surprise de votre parure nuptiale : il risquerait d'y voir un message, un appel du pied assez malvenu dans les circonstances présentes. Si vous ne voulez pas vous prendre la tête au lieu de prendre votre pied, ne mélangez donc pas ses fantasmes sexuels à lui et vos rêves matrimoniaux à vous !

53 **La secrétaire.** Ce fantasme est si courant chez nos amis les mâles qu'un studio de cinéma américain a fini par en faire un film. *La Secrétaire* de Steven Shainberg (2003) donne en effet à voir les démêlés érotiques – et un rien pervers – d'un patron et de sa secrétaire pour le moins foldingue, prête à tout pour conserver son job et l'attachement de son boss.

Pourquoi une telle vivacité ? Simplement parce que peu de fantasmes synthétisent d'aussi jolie manière toutes les attentes masculines : la secrétaire, c'est à la fois celle qui s'occupe de vous – maternage – et dont vous êtes le patron – domination –, celle que vous côtoyez tous les jours et dont vous ne connaissez pourtant pas grand-chose, différence hiérarchique oblige. Enfin, et plus encore depuis quelques années, grâce aux magnifiques lois relatives au harcèlement sexuel dont ont été dotées nos entreprises, la subordonnée de sexe opposé est devenue purement et simplement intouchable, autant dire plus tentante que jamais ! Eh oui ! S'il lit ces lignes par-dessus votre épaule, votre homme ne regardera plus du même œil sa Janine nationale quand elle lui apportera son espresso du matin…

Mais ce n'est pas tout : quand on sait que le lieu de travail constitue le terrain de rencontres le plus favorable aux relations adultères, vous comprendrez en quoi jouer les petites secrétaires serviles, de temps à autre, peut tout bonnement sauver votre couple, mes chéries. Il n'a pas encore franchi le pas ? Eh bien, n'attendez pas que Simone, 58 ans, soit remplacée par Cynthia, 25 ans, et son QI qui émarge à 90 D. C'est compris ? Ou bien je dois vous faire un dessin sur le *paper board* de la grande salle de réunion ?

Allez, au travail ! Le petit tailleur qui a servi pour votre rôle d'institutrice (→ 51) fera très bien l'affaire. Choisissez des dessous un peu plus sexy encore, et sortez le grand jeu côté maquillage. Quelques dossiers sur un bras, et en avant ! Surprenez-le assis dans son fauteuil favori. Proposez-lui, avec la moue de circonstance, de lui présenter quelques « contrats urgents ». Asseyez-vous sur l'accoudoir du fauteuil, sans omettre de croiser et décroiser les jambes à intervalles réguliers. Penchez-vous sur les feuilles que vous aurez posées sur ses genoux, afin que son regard oblique profite pleinement de votre décolleté. Après quelques minutes de ce petit jeu, faites tomber un crayon entre ses jambes... et partez immédiatement à sa recherche, à quatre pattes devant lui, vous confondant en excuses...

54 **L'inconnue du web.** Fantasme, virtualité... ou réalité ? Quand on sait que près de 5 millions d'hommes et de femmes fréquentent régulièrement les sites de rencontres en France, on se dit qu'il ne s'agit plus d'un phénomène de mode ou d'une fièvre médiatique, mais bien, désormais, de l'un des principaux modes de rencontre utilisé par les millions de célibataires que compte notre pays.

Le jeu consiste à s'inscrire – ensemble – sur un site de ce type, puis de feindre par la suite une mise en relation fortuite, des échanges de mails, et enfin une rencontre de nature sensuelle. Un jeu particulièrement excitant puisqu'il ne circonscrit pas le fantasme au seul moment de la relation sexuelle, mais permet de faire monter la tension érotique sur plusieurs heures, voire plusieurs jours, entretenant ainsi cette douce illusion de redécouvrir l'autre comme au tout début de votre relation.

Mais c'est aussi un jeu dangereux. Non, n'allez pas croire que je joue les vieilles chouettes grincheuses : j'ai fait moi-même certaines de mes plus belles rencontres grâce à cet outil qu'est Internet, et c'est pourquoi je sais aussi qu'on a (trop) vite fait de ne plus le considérer comme un simple outil, mais comme un faiseur de miracles, et d'en devenir complètement accro. Mais, dans le cas qui nous intéresse, il ne vous aura pas

échappé que sur ce fameux site de rencontres où vous vous êtes donné ce rendez-vous coquin, vous n'êtes pas la seule de votre espèce. En clair, il y a d'autres femmes ! Alors, n'est-ce pas un peu tenter le diable que d'aller vivifier votre libido dans un lieu où il risque fort – s'il cherche, bien sûr – d'en trouver une plus jolie, plus sexy ou prête à tout lui faire ?
Alors, je dis : « Raison gardons ! » Oh ! bien sûr, il ne pourra s'empêcher de regarder une ou deux autres fiches que la vôtre. C'est un homme, pas un moine. Mais dites-vous que c'est justement ce risque, ce péril diffus, cette idée que c'est avec vous qu'il va finir par faire des galipettes, et non pas cette Russe de 1,85 mètre répondant au doux pseudo de « Natacharienquepourtoi », qui va rendre la chose excitante pour lui.
Pour finir, ne vous empêchez pas de placer quelques garde-fous, au cas où. Exigez notamment qu'il vous donne son mot de passe d'accès au site : ainsi, vous pourrez non seulement consulter sa messagerie, mais aussi supprimer vous-même son compte une fois la plaisanterie terminée.

55 **La religieuse.** Mais pourquoi donc le fait d'égratigner la religion, ses serviteurs et ses symboles, excite autant certains hommes ? Je vous l'accorde, ce n'est pas le mieux partagé des fantasmes – même si nombre d'entre nous ont au moins une fois crié « mon Dieu ! » au moment crucial ! Et puis, laquelle ne s'est jamais surprise à imaginer ce que peuvent faire les prêtres, seuls sous leur couette, lors des longues soirées d'hiver ?
Alors, pourquoi ? « Parce que la religion nie la sexualité », me répondrez-vous assez logiquement. C'est un début d'explication, en effet. Il est toujours stimulant de cogner son propre désir à ce qui lui est opposé, c'est le principe

même de la provocation. Ma pulsion sexuelle est d'autant plus excitante qu'elle en choque certains.
Pour ma part, j'ai une explication un rien plus philosophique, qui n'est d'ailleurs pas incompatible avec l'hypothèse précédente. Mon idée, c'est que la sexualité n'est pas tant une antithèse de la religion qu'une concurrente. L'une et l'autre essaient, à leur manière, de sublimer nos misérables existences terrestres, elles tentent de nous faire oublier, quelques instants dans le meilleur des cas, notre condition de mortel, elles sont des tentatives – un peu vaines, par moments – de repousser un peu plus loin l'échéance, et plus encore la peur que nous en avons. Sexe et religion se livrent donc une compétition acharnée. C'est à qui apaisera le mieux nos angoisses…
Ainsi, en impliquant l'autre système de « pensée », en ramenant l'autre camp sur son propre terrain, chaque partie gagne une nouvelle manche, de sorte que, en profanant le religieux, le sexuel connaît la jubilation du joueur qui remporte – provisoirement – la partie. Et, comme le terrain de jeu est intérieur, il suffit par exemple qu'un scrupule nous assaille au moment de pratiquer tel ou tel acte sexuel – la sodomie, par exemple – pour que les restes de notre éducation religieuse reprennent l'avantage.
Une robe droite et simple en coton, une ceinture de corde épaisse, une large croix en bois sur la poitrine, des sandales en cuir aux pieds et les cheveux noués dans un foulard uni… Vous voilà prête, ma très chère « sœur », à subir les assauts du soudard sans foi ni loi qui partage votre vie. Les plus coquines d'entre vous ne manqueront pas d'associer la rusticité de l'habit à la subtilité de dessous affriolants – string en dentelle noire, par exemple.

56 **La femme enceinte.** Bon. Là, je vais devoir rendre mon tablier de psychanalyste amatrice. Pour ma part, très franchement, je n'ai jamais compris ce qui émoustillait tant les hommes à nous voir transformées, neuf mois durant, en vaches laitières ventrues et nauséeuses. Pour tout vous dire, j'ai même été partagée entre un rire d'incrédulité et un hoquet d'horreur le jour où le père de mon premier enfant m'a dit froidement, il y a maintenant bien des années, que sentir son sexe « buter dans mon ventre contre le fruit de notre amour » relevait pour lui de l'extase mystique. Mais qu'ont-ils donc dans la tête pour penser des trucs pareils ? Au passage, j'en profite pour rétablir la vérité : un pénis introduit dans un vagin ne sera jamais en mesure de toucher le moindre fœtus. Si quelque chose se touche, ce sont les fils de son cerveau ! Mais passons.

Au-delà des délires de ces messieurs, il faut bien s'en remettre à la loi de nos hormones. Il est en effet prouvé que, durant certaines phases de la grossesse, la concentration en testostérone et en ocytocine, les deux hormones du désir sexuel, est exceptionnellement élevée. Non pas que notre embonpoint rende les galipettes plus aisées ou même plus satisfaisantes, mais il faut croire que les hommes en conservent instinctivement le goût de nous sauter dessus à tout propos. On peut imaginer aussi que, symboliquement, l'enfant qui est en nous est l'image même de leur virilité, de leur supposée « puissance » sexuelle. De quoi leur donner envie de nous fertiliser, de nous ensemencer encore et encore… Pourquoi pas ?

Concrètement, il n'est pas facile de simuler la femme enceinte quand on ne l'est pas. Vous pouvez toujours coller un gros coussin sous votre nuisette, il est tout sauf sûr que l'oiseau qui partage votre lit se laissera prendre à un subterfuge aussi grossier. Par conséquent, je vous conseillerai plutôt d'adopter cette attitude de grosse chatte alanguie et un rien lascive qui caractérise volontiers l'état de grossesse. Par exemple, exigez de votre partenaire qu'il vous masse délicatement le ventre. Vous pouvez aussi imposer des positions réservées d'ordinaire à la grossesse : les cuillères – tous deux allongés sur le côté, lui derrière vous –, l'amazone – vous à cheval sur lui –, etc. Histoire de stimuler son ego de reproducteur, vous pouvez enfin lui jouer cette bonne grosse comédie – qu'il gobera pourtant à tout coup – de l'« ensemencement immédiat », comme si vous sentiez littéralement dans votre bas-ventre la rencontre de ses spermatozoïdes et de vos ovules.

57 **La prostituée.** Il est deux choses à savoir à propos de cette fascination toute masculine pour les amours tarifées. La première, c'est la notion de contrat. Ce que les hommes qui consomment ce type de prestations sexuelles apprécient par-dessus tout, c'est l'absence totale d'ambiguïté qui régit ces rapports particuliers : « Je paie, elle s'allonge. » Pas de souci, pas d'engagement, pas de « prise de tête », comme ils se plaisent à dire : faire l'amour avec une prostituée, c'est pour eux laisser libre cours à leur besoin d'immédiateté et à leur soif de liberté. Elle n'est pas née, la prostituée qui le poursuivra de ses assiduités après un unique rapport, exigeant enfants, maison et cuisine équipée !

L'autre motivation, moins consciente, plus souterraine, est le plaisir un rien pervers qui consiste à partager cette femme avec une infinité d'autres hommes. En renonçant à une quelconque « propriété » sur la femme concernée, le client échappe à ses obligations vis-à-vis d'elle, c'est un fait, mais il se sent néanmoins le pouvoir d'un maquereau, qui tient d'autant plus sa « gagneuse » sous sa coupe qu'il la loue à d'autres. C'est que, contrairement à ce que l'on imagine, « offrir » sa femme n'est pas, pour un homme, un acte de reddition, mais au contraire l'expression d'un pouvoir qu'il pense absolu. Dans son imaginaire, la prostituée est donc cette femme dont il est le maître – certes très temporaire –, de manière pleine et inconditionnelle.

C'est bien connu : à une « pute », on peut tout dire, tout montrer, et surtout tout demander. Traditionnellement, la catin est celle qui accepte, contre rémunération, ces pratiques que l'épouse légitime refuse. C'est pourquoi, au risque de vous surprendre, c'est moins par le vêtement que par l'attitude que vous incarnerez au mieux ce personnage tant attendu. Soyez directe, soumise, oubliez un instant votre plaisir et ces préliminaires qui nous sont si nécessaires. Allez droit au but, jouez-la un peu mécanique, routinier, sans fioritures : déshabillage, fellation, pénétration, deux positions, soupirs légers… Et surtout – vous connaissez la règle – ni baisers, ni caresses, ni aucune attention qui pourrait exprimer une quelconque tendresse ! Mettez-vous en tête que vous rendez alors un simple service, une stricte prestation codifiée et où tout « bonus » doit faire l'objet d'une nouvelle négociation. Cependant, abstenez-vous durant cette séquence de toute parole, de toute déclaration. À cet instant précis, vous ne devez pas tant manifester votre amour que lui donner de manière stricte ce qu'il attend.

58 **La hardeuse.** On a trop tendance à assimiler les actrices de films X à des prostituées. Certes, les deux appartiennent à la catégorie des travailleuses du sexe, mais, quand les prostituées se contentent de vendre un service minimum (→ 57), dont l'objectif unique est la satisfaction du client, les « hardeuses » – comme on les appelle communément aujourd'hui – se soucient moins du plaisir qu'elles donnent à leur partenaire que celui qu'elles offrent au spectateur. Autrement dit, elles ne sont pas là pour faire jouir, elles sont là pour donner l'illusion de leur propre jouissance.

Dans un film X, rien n'est vrai. Les femmes « mouillent » au moindre effleurement, hurlent de plaisir à peine pénétrées, jouissent à la chaîne et demeurent éternellement insatiables. Si l'une d'entre vous se reconnaît dans ce portrait, qu'elle lève le doigt et abandonne immédiatement la lecture de ce livre : elle n'en a absolument pas besoin !

Pour en revenir à votre homme, ce qui peut donc l'exciter au plus haut point est que vous jouiez ouvertement cette comédie. Allez comprendre pourquoi, les hommes ne demandent qu'à se faire abuser en la matière. Faites-en des tonnes ! Pour commencer, approchez-vous de lui à quatre pattes, d'une démarche féline, la croupe tendue à l'extrême. Fixez-le d'un regard provocateur. Ne reculez devant aucun cliché : passez-vous l'extrémité de la langue sur les lèvres, sucez goulûment l'un de vos doigts. S'il est normalement constitué, il comprendra que vous vous payez un peu sa tête, mais, fasciné, il ne pourra résister au spectacle que vous lui proposez.

À ce stade, il peut être utile pour vous d'avoir déjà visionné quelques-uns de ces films. Inutile d'en regarder des centaines :

vous pouvez me croire, ils se ressemblent à peu près tous. D'ailleurs, si l'on est attentive, on remarque que, une fois passé le scénario prétexte, l'enchaînement des pratiques sexuelles est à peu près invariable. Alors, pour que votre homme comprenne bien quel jeu vous jouez, respectez surtout cet ordre immuable :

1) Mettez-vous d'abord à genoux devant lui, ouvrez sa braguette et sortez son sexe en érection. Sucez-le avidement en dardant votre regard dans ses yeux éperdus de reconnaissance. Cette fellation se doit d'être longue, goulue, bruyante, et doit l'amener à un point d'excitation maximale.

2) Invitez-le à un rapide renvoi d'ascenseur sous la forme d'un bref cunnilingus.

3) Offrez-lui votre croupe pour une levrette endiablée.

4) À votre tour, chevauchez-le, puis changez encore de position en privilégiant les postures un peu acrobatiques, en usant si possible du mobilier présent dans la pièce. À ce moment, vos cris, râles et ahanements doivent être à leur comble. Ne retenez surtout pas les « prends-moi comme une chienne ! » qui brûlent vos lèvres.

5) Achevez la séquence en reprenant son sexe en bouche. Sortez-le dès que vous sentez les spasmes annonciateurs pour le faire éjaculer sur votre visage et sur vos seins. Au moment crucial, n'omettez pas de pousser de petits gloussements de plaisir. Prenez soin de bien lécher sa verge et de nettoyer son gland des toutes dernières gouttes de sperme encore présentes.

Naturellement, faire l'amour, ce n'est pas ça, mais n'hésitez pas de temps à autre à vous conformer quelques instants à cette caricature : il n'en sera que plus reconnaissant et mieux disposé quand il s'agira de vous faire plaisir… à vous !

VII. Tout voir et tout faire voir

59 **Défilé de lingerie.** Pour les séductrices nées que nous sommes toutes – si, si, ne rougissez pas –, c'est un dilemme vieux comme le monde : que faut-il leur montrer, jusqu'où, et surtout à quelle fréquence ? Le merveilleux « cadeau » que nous sommes est-il plus captivant à leurs yeux lorsqu'il est enveloppé de son papier brillant et de ses rubans, ou bien quand ils peuvent attaquer le carton d'emballage à mains nues ? En clair, lingerie *or not* lingerie ?

Nos bonshommes ont des tendances naturellement fétichistes, et vous savez désormais comment les exploiter au mieux (→ 15 & 16). Oui, c'est donc un fait établi : tous les hommes aiment mater. Mais ce qui nous déconcerte parfois, nous les femmes, c'est que, sous leurs manières un peu rustres, ils cachent bien souvent une âme d'esthète – un esthète certes un peu naïf, tendance gamin propulsé dans un magasin de jouets la veille de Noël, mais bon… amateur éclairé malgré tout. En vous dévêtant trop vite, en lui interdisant de vous admirer dans vos atours intimes, vous le priverez donc de l'un de ses plus grands plaisirs. Car, s'il aime vous voir nue, il adore plus encore vous imaginer nue. En conservant vos dessous, vous différerez ainsi le moment de la révélation et prolongerez ces instants d'intense rêverie.

Vous vous trouvez éternellement moche ? Vous craignez son regard sur vos bourrelets ou vos vergetures – bon, ça va, on a toutes nos petites imperfections ? Eh bien, raison de plus pour lui laisser le temps de projeter sur vous la plus parfaite des enveloppes. C'est bien vous qu'il verra à la fin, mais un « vous » sublimé, transcendé.

Ajoutez à cela leur besoin irrépressible de voir plusieurs femmes en vous (→ chapitre VI), et vous aurez compris de vous-même où je veux en venir... Faites-lui donc ce petit défilé de votre plus fine lingerie qu'il appelle de ses vœux depuis tant d'années. Commencez par les pièces les plus sobres, et surtout les plus couvrantes – bodies, culottes à bords larges, soutiens-gorge dont les bonnets englobent la totalité du sein... Préparez les parures suivantes dans une pièce attenante. Disparaissez quelques instants derrière la porte, puis reparaissez vêtue de votre nouvel ensemble. Surtout, ne vous changez pas devant lui.

À chaque passage, jouez un peu plus avec ses nerfs. À mesure que les pièces se font plus courtes, étroites et transparentes, approchez-vous un peu plus de lui, assis dans son fauteuil. Passez si près de son visage que, lorsque vous vous retournerez, vos fesses pourront presque effleurer son nez. Vous l'achèverez bien sûr par un haut quasi invisible – ou même absent, pourquoi pas ? – et le plus discret des strings de votre collection. Si votre garde-robe est assez fournie, proposez-lui de cinq à dix combinaisons différentes. Au-delà, il se lassera. Et vous aussi, d'ailleurs.

60 **Jeux de miroir.** Il y a peut-être un seul spectacle au monde plus susceptible d'exciter un homme que votre jouissance : le spectacle de sa propre jouissance. Ou, pour être plus précise, l'image de sa propre « puissance » sexuelle en action. Alors, quand les deux peuvent cohabiter dans le même cadre, c'est tout simplement l'extase absolue !

D'où l'idée, sans pour autant vous lancer dans des travaux et un réaménagement complet de votre chambre à coucher, de lui permettre un retour visuel en temps réel sur vos ébats. Il y a bien sûr ce que ses yeux lui permettent de voir directement, mais, vous l'aurez remarqué, ils sont souvent les plus mal placés pour nous offrir un angle et une vision vraiment intéressants de ce qui se passe un peu plus bas.

Le dispositif le plus simple et le plus efficace consiste encore à placer un grand miroir en pied près de votre lit, de préférence sur l'un des côtés – ce type de miroir qui pèse un âne mort et qu'en principe seul votre chéri sera capable de soulever. Demandez-le-lui avec un sourire entendu. S'il fonctionne à peu près normalement, il devrait vous cuisiner jusqu'à ce que vous crachiez le morceau : « Mais, chérie, c'est quoi ce délire ? Et pourquoi pas au plafond, tant que tu y es ? » Tiens, c'est une bonne idée, ça aussi ! Mais n'en demandez pas trop, et ne le lancez pas dans l'une de ses dantesques séances de bricolage où vous l'entendez ahaner et jurer pendant des heures à l'autre bout de la maison. Déplacer simplement le grand miroir – celui qui sert à votre petit coup d'œil de contrôle du matin, juste avant de partir – à côté de votre couche devrait être à sa portée, et ne pas lui prendre plus de cinq minutes.

Après commence le temps joyeux du calage et des ajustements. Si le miroir est trop bien plaqué contre le mur, non seulement vous ne verrez rien, mais vous risquez de vous le prendre sur le coin du nez ! Un angle de 10 à 15 degrés devrait approcher de l'idéal. Autre petit souci : par définition, un miroir en pied est un rectangle plus haut que large. Or, il ne vous aura pas échappé que, dans l'immense majorité des cas, vos ébats ont lieu alors que vous êtes allongés, donc en mode « panoramique ». Il vous sera toujours possible de vous contorsionner pour entrer dans le cadre, mais le mieux, si vous disposez d'un meuble bas à proximité du lit, est de basculer le miroir dans le sens de la largeur. Et soudain, vous voilà tous les deux comme les vedettes d'un film X, projetés sur l'écran 16/9 le plus sexy au monde !

61 **Voyeurs ensemble.** En théorie, le voyeur est un loup solitaire. Il pratique seul, et rien ne l'embarrasse plus que de se sentir pris sur le fait. C'est là d'ailleurs une réaction un rien paradoxale puisque, s'il mate, c'est autant pour le plaisir de regarder que pour ressentir le frisson de l'interdit, donc dans l'idée sourde qu'il finira bien par se faire surprendre un jour ou l'autre. Mais, comme il n'est pas à une contradiction près, il continue de surfer entre ce besoin de secret et cette envie d'impliquer d'autres yeux que les siens.

Il ne faut surtout pas culpabiliser ou infantiliser votre voyeur de mari. Il se fait quelques petites séances porno sur Internet ? Il s'est acheté de nouvelles jumelles qu'il braque plus volontiers sur la voisine d'en face que sur les bouquetins de la Vanoise ? Jusque-là, rien que de très normal : il satisfait son instinct et, même si vous vous sentez un peu exclue de ses petits jeux bien innocents, essayez de respecter ces passe-temps.

En revanche, un bon moyen de vous immiscer, mine de rien, dans cette zone VIP de son imaginaire érotique consiste à lui proposer de nouveaux objets de contemplation – à regarder ensemble, évidemment. Mater, c'est bien joli, mais mater quoi ? Comme vous n'êtes pas tout à fait maso, vous oublierez de lui signaler que la fille du cinquième omet négligemment de tirer le rideau quand elle prend sa douche. Et puis, regarder une fille se caresser les seins avec du gel douche, pour être honnête, ce n'est pas ce qui vous excite le plus…

Alors, puisqu'il s'agit d'une activité de couple, pourquoi ne pas mater des couples ? Fort bien. Vous me trouvez épatante, avec mon beau gros sens des familles, mais, me demanderez-vous, où donc va-t-on bien pouvoir les dénicher, ces couples assez « exhib » pour nous laisser glisser un œil par la serrure de leur alcôve ? Eh bien, de nos jours, et quoi qu'on pense de l'outil, on trouve l'essentiel de ces couples sur Internet. Contrairement à une idée trop largement reçue, l'immense majorité d'entre eux ne sont pas là pour organiser parties fines et autres gang-bangs à cinquante personnes. Non, le couple exhibitionniste des années 2000 a seulement bien compris que les millions d'yeux qui se braquent chaque jour sur Internet pouvaient être un stimulant aussi puissant que gratuit pour pimenter leur sexualité ordinaire.

Le principe ? Quelques photos de leurs galipettes dûment déposées sur l'un des sites spécialisés – ils se trouvent aisément en saisissant le mot « couples » dans un moteur de recherche – et, en retour, des centaines de commentaires des

voyeurs qui seront venus les admirer. Vous verrez, c'est étonnant : la plupart d'entre eux invitent les simples mateurs à leur adresser les commentaires les plus crus qui soient !
De votre côté, vous pourrez toujours dissiper le léger malaise que ces images installeront éventuellement entre vous et votre homme en raillant la déco, la maladresse des prises de vue ou la plastique approximative de ces modèles d'un soir. Et, qui sait, peut-être ces images vous donneront-elles à vous aussi d'autres idées et d'autres envies ?

62 **Les films X.** Sous nos latitudes, l'âge moyen de la première exposition à un film pornographique est de 11 ans, filles et garçons confondus. Néanmoins, on constate que, si les filles sont mues par une commune curiosité, seuls les adolescents mâles continuent généralement à regarder de manière régulière ce type d'images. Bien sûr, l'explosion d'Internet et des contenus X disponibles gratuitement en ligne n'a fait qu'amplifier ce phénomène. Ah ! il est loin, le temps du bon « porno du samedi soir » sur cette chaîne cryptée que les plus téméraires regardaient en version codée !
À l'âge adulte, 95 % des consommateurs de pornographie sont des hommes. Mais ne frimez pas derrière votre livre, je suis à peu près sûre que vous ne faites pas partie des 5 % de femmes qui en achètent… Pourquoi ? Parce que, avec leurs scripts qui se résument à une succession de gros plans gynécologiques, les films X nous parlent assez peu. Nous, on aimerait que les deux protagonistes se fassent de grandes déclarations avant de se vautrer dans la luxure, que l'homme passe un bon quart d'heure à lui dire combien il la trouve belle avant de la culbuter sur la table basse !

Pourtant, ce dont rêve votre compagnon sans le dire, c'est que tout cela finisse non seulement par vous exciter, mais vous donne aussi un tant soit peu envie d'en faire autant (→ 58). Si vous ne le sentez pas, ne forcez pas un talent de « hardeuse » que vous n'avez pas. En revanche, je peux vous assurer que votre homme sera toujours sensible au seul fait que vous ayez proposé de vous-même cette petite séance vidéo. Savoir que vous pensez au sexe, qu'il est pour vous une préoccupation quotidienne – peut-être pas de chaque instant, comme c'est le cas pour lui – est de nature à stimuler très favorablement son désir et son imagination. Mieux encore : choisissez vous-même le film que vous souhaitez regarder avec lui. La plupart des opérateurs câble, satellite et ADSL proposent désormais des kiosques de films pour adultes dans lesquels il vous sera facile, d'un simple doigt sur la télécommande, de piocher un titre qui vous convient. Jouez-la fine, bien sûr : allez dans le sens qui lui conviendra le mieux. Votre attention le touchera pile où ça fait du bien !

63 **Rasage intégral.** De nombreuses femmes à qui leur homme confie, un peu honteux, leur envie de voir, ne serait-ce qu'une fois, leur sexe parfaitement glabre se méprennent sur ce qui peut motiver une telle demande. « Mon Dieu ! Mon amant ne serait-il qu'un abominable pédophile, attiré par des filles si jeunes que la morale et la loi le réprouvent ? » Non, je vous rassure tout de suite : dans l'immense majorité des cas, il n'y a rien de tout cela derrière cette innocente requête.

Si votre sexe débarrassé de ses poils peut paraître en effet plus « jeune », il distillera surtout un message très simple :

« Je suis vierge. » Certes, on est plus facilement vierge à 15 ans qu'à 40, mais, pour lui, l'attrait résidera avant tout dans cet aspect neuf et inexploré. Naturellement, il est bien placé pour savoir que ce n'est pas vraiment le cas, mais l'illusion n'en sera pas moins opérante. Dans la psyché masculine, un sexe rasé est un sexe que « je déflore en quelque sorte à chaque fois que je le pénètre ». On comprend facilement que cette image résonne favorablement dans un œil et un cerveau de garçon : quel homme ne rêverait pas de reconquérir chaque fois sa partenaire, comme s'il s'agissait non seulement de leur première fois, mais surtout de sa première fois à elle ? Il se veut explorateur, défricheur ? Eh bien, voici un moyen assez simple de lui en offrir le frisson, sans pour autant réécrire l'histoire.

Pour parler technique quelques instants, privilégiez le rasoir à main. La peau étant particulièrement fine et sensible dans toute la région vulvaire, les techniques d'épilation utilisées pour les jambes, par exemple, ne peuvent être employées – épilateur électrique, cire chaude ou froide, etc., sont donc à proscrire. Faites néanmoins attention à ne pas asperger la zone trop abondamment : la mousse à raser est un produit supporté par la peau, mais elle est assez agressive pour les muqueuses. Or, si vous en disposez trop sur le pourtour des grandes lèvres, une partie risque de couler dans votre vagin sans même que vous vous en aperceviez.

Enfin, faites le travail le plus propre possible. Quelques poils récalcitrants ou une figure de type « ticket de métro » auraient l'effet contraire à celui escompté. Plus tard, un petit bonus consistera, une fois la première surprise passée, à répéter l'opération de rasage devant lui, pour entretenir cet aspect « fruit mûr et bien lisse » qui l'excite tant…

64 **Colin-paillard.** Vous connaissez colin-maillard ? Il vous est arrivé que l'un de vos petits camarades de jeu, sous prétexte de sa cécité temporaire, laisse traîner un peu trop ses mains sous votre jupe ? Eh bien, réjouissez-vous ! Avec ce jeu, vous pourrez allier le meilleur de vos souvenirs d'enfance et le plus émoustillant des jeux pour adultes.

Le principe est d'une simplicité proverbiale : nus tous les deux, fermez la porte de la pièce dans laquelle vous vous trouvez. Prenez soin de ranger tous les objets les plus fragiles – lampes, vases, etc. Bandez les yeux de votre partenaire, puis donnez-lui pour mission de vous retrouver dans la pièce en question.

Ce qui est bien, avec le colin-paillard, c'est que les variantes sont infinies ! Vous pouvez par exemple vous bander tous les deux les yeux et vous chercher simultanément. Vous pouvez aussi imaginer un système de gages : à chaque palpation dans le vide du joueur aveuglé, l'autre remet une pièce de vêtement.

Les plus sensibles d'entre vous, ceux qui aiment les expériences sensorielles un peu extrêmes, aimeront conclure la séance par un ébat où les bandeaux sont maintenus sur les yeux. Ainsi privés de la vue, vous pourrez être plus à l'écoute de vos autres sens : le toucher, bien sûr, mais aussi l'ouïe, ou encore l'odorat.

Une manière amusante de pimenter une partie de colin-paillard consiste à faire croire à celui des deux qui est privé de la vue qu'il se passe une foule de choses qui échappent alors à son contrôle. Alors qu'il balaie comme un damné la pièce de ses bras, allongez-vous par exemple sur le lit, et commencez à vous masturber. Si la situation vous embarrasse, peu importe : simulez en poussant quelques gémissements qui l'intrigueront autant qu'ils le stimuleront…

65 **Webcam, etc.** Voir, voir et encore voir. Nos hommes sont des mateurs compulsifs, et il n'est rien qui ne saurait les guérir de cette douce maladie. Pourtant, il est une frange non négligeable de cette misérable engeance – mais si, messieurs, je vous aime ! – qui prend autant de plaisir dans le spectacle qu'il offre que dans celui qui lui est offert. Car se savoir vu(e), c'est aussi se savoir désiré(e). Or, ce désir, l'homme le réclame moins pour lui que pour sa partenaire : offrir sa maîtresse en pâture au regard désirant d'autres hommes est pour lui, une fois encore, l'un des meilleurs moyens d'affirmer sur elle un pouvoir, ce qu'il ressent comme un véritable droit de propriété, l'expression de sa puissance. En substance, c'est affirmer à sa compagne et à la face du monde : « Ils te désirent tous, mais c'est bien moi qui te possède. »
Voilà, de manière assez élémentaire, ce qui motive ces hommes qui exhibent les images de leur femme ou de leur couple sur Internet. Voilà aussi pourquoi ils sont si nombreux à le faire, bien contents de se rassurer à si bon compte sur leur sacro-sainte virilité puisque, de toute manière, aucun des mateurs qui viennent reluquer madame les quatre fers en l'air n'ira jamais vérifier si monsieur lui fait correctement l'amour… Le risque est donc faible, et l'excitation, elle, est bien là.
Un avertissement s'impose ici. Les femmes qui se prêtent à ce genre de pratiques doivent bien être conscientes de ce qui s'y joue. Si elles l'acceptent, elles doivent admettre cette « manipulation » qu'exerce sur elles leur conjoint – ou bien

c'est qu'elles prennent elles-mêmes un vrai plaisir à s'exhiber, ce qui, je crois, pour être tout à fait franche, ne concerne qu'une petite minorité d'entre nous. Cela étant établi, les termes du « contrat » étant clairs pour tout le monde, rien n'empêche d'accorder ce petit plaisir à son homme.
Le summum, pour ces messieurs, est l'exhibition en temps réel. Grâce aux outils de messagerie et de téléphonie en direct – MSN ou Skype, pour nommer les plus courants – et à ce petit matériel peu onéreux qu'est la webcam, il est désormais possible de se montrer et de regarder des images animées en temps réel, durant ses ébats. Sur les sites amateurs dédiés aux couples (→ 61), il est facile de repérer les profils qui recherchent des exhibitions croisées par webcams interposées : la plupart le signalent par la simple mention « cam », abréviation courante de « webcam ». Si vous allez jusque-là, il convient évidemment de conserver l'anonymat le plus total. Pensez par exemple à vous masquer l'un et l'autre pour ne pas prendre le risque de retrouver ces images, vos visages découverts, circulant dès le lendemain sur tout le web…

66 **Pluies dorées.** Que vous le croyiez ou non, dans les fantasmes aussi il y a des modes, des hypes, des tendances qui apparaissent et qui, parfois, disparaissent de nos libidos comme elles sont venues. Ainsi, comme le confirmera votre moteur de recherche préféré si vous y tapez le mot-clé « uro », le truc du moment, chez ces messieurs, est manifestement de nous regarder faire pipi… « Pipi ! », vous exclamez-vous, incrédule, en remontant bien haut votre culotte sous votre jupe ? Mignon, n'est-ce pas ? On se croirait revenues dans les toilettes

de l'école primaire, quand les garçons se faisaient la courte échelle pour jeter un œil chancelant par-dessus la porte et, une fraction de seconde, nous apercevoir accroupies !
Néanmoins, puisque monsieur le voyeur est censé ne rien devoir ignorer de notre anatomie intime ni de la manière dont l'urine s'en écoule, je ne vous cache pas que la version pour adultes est un peu moins « mignonne ». Je sais, certaines doivent déjà pousser des cris d'orfraies rien qu'à se représenter la situation. Mais je ne dis pas que la chose est drôle, excitante, ni même élégante, et d'ailleurs, je n'ai personnellement jamais rien ressenti à apercevoir le sexe de mon amant en position « lance à incendie ». Ce peut être comique une seconde, certes, mais sans plus.
Alors, que vont-ils donc chercher – ou plutôt projeter – dans notre miction, pour que cela les enflamme à ce point ? Ce qui est certain, c'est que tout ce qui touche à la vie de notre zone génitale les passionne. À ce titre, notre petit « pipounet » a tout bon. Ensuite, d'aucuns prétendent que le phénomène – fort rare – d'éjaculation féminine ressemblerait à s'y méprendre à l'éjection d'urine hors de l'urètre. Ainsi, en nous voyant faire pipi, ils nous imagineraient plus facilement dans cette situation de jouissance extrême, que nous sommes pourtant si peu nombreuses à connaître.
Soit. S'il n'en faut pas plus pour les faire frétiller, après tout, pourquoi pas ? Mais sachez, mesdames, que certains gourmands ne se contentent pas du seul spectacle. Il faut en plus qu'ils participent – même s'il s'agit d'une participation plutôt passive, puisqu'elle consiste pour l'essentiel à se faire uriner dessus, de préférence sur le visage. On appelle cette spécialité la « douche dorée » ou la « douche d'or ». À pratiquer exclusivement dans votre salle de bains, cela va sans dire…

67 **Toilette intime.** Depuis *L'Origine du monde* – le tableau de Courbet, bien sûr, pas le big-bang ! –, on sait l'état de sidération absolue dans lequel la vue d'un vagin, de préférence légèrement entrouvert, plonge la plupart des hommes. Pas un ne saurait dire si ce qu'il voit là est beau, bien fait ou même à son goût, et pourtant il suffit de les voir comme des lapins pris dans les phares d'une voiture pour nous convaincre que nous avons entre les jambes une arme d'un sacré calibre, un pistolet à pétrifier n'importe quel garçon. Fascination pour cette source de vie ? Stupéfaction de découvrir un être dépourvu de pénis ? Attraction fatale vers cette fontaine à plaisirs ? Sans doute un peu tout cela à la fois…
Une chose est certaine, en revanche : si vous voulez mettre votre homme à vos pieds toute une soirée sans l'entendre dire un mot, montrez-lui votre sexe ! Non seulement il ne se lassera jamais de cette contemplation inerte, mais tout ce qui pourra lui faire voir un peu plus de la vie de cet étrange « animal » le plongera dans une euphorie indescriptible. Oui, devant notre vulve, le plus sérieux des amants redevient un vrai gamin ! Cette main qui se tend et qui n'ose pas, ce regard qui fouille et qui attend, ce nez qui guette le moindre effluve. C'en est presque attendrissant… à condition que l'on accepte de jouer le rôle d'une pâtisserie dans une vitrine !
Certaines s'en offusquent : « Je ne suis pas qu'une chatte ! », les entend-on se récrier, persuadées que ce culte idolâtre les rabaisse soudain au rang de vulgaire statue dans le petit temple érotique de leur amant. Alors, pour contenter votre homme sans vous rendre tout à fait, une bonne solution consiste à l'admettre dans l'intimité de votre sexe. Permettez-lui par

exemple d'assister à la toilette que vous lui appliquerez sur un bidet, les jambes écartées. Munie d'un gant ou de votre seule main, prenez tout votre temps, et guettez pour finir la lueur de reconnaissance béate qui ne manquera pas d'éclairer son œil, dès le début de vos ablutions.

68 **L'agression consentie.** Une fois n'est pas coutume, le fantasme masculin que je vous invite ici à concrétiser est en réalité un fantasme de femmes. En effet, nous sommes plus nombreuses qu'eux à nourrir de telles images : un inconnu, le plus souvent sans visage, ou méconnaissable, qui nous prend sans ménagement, parfois même contre notre gré. Et la jouissance n'en est que plus forte…

C'est précisément parce que les sensations et les sentiments qu'une telle mise en scène provoque sont pour vous extrêmes qu'il peut être stimulant pour votre partenaire de vous la voir jouer. Oui, le jeu est dangereux : à trop mimer le viol, on en banalise évidemment la représentation et même, parfois, peut-être, la pratique. Entendons-nous bien : que ce soit en dehors du couple ou dans le couple, les rapports véritablement non consentis n'ont rien d'un jeu. Il s'agit là non seulement d'une agression, mais aussi d'un délit passible de peines très lourdes. Alors, à un sourire, un clin d'œil, un bref mot explicite, votre compagnon doit comprendre qu'il ne s'agit ni d'une invitation à la brutalité, ni, évidemment, d'un piège. Il n'empêche que peu d'hommes résisteront à cet appel à un assaut plus sauvage.

Pour le plonger dans l'action sans avoir à lui faire une explication de texte, passez-lui sur le visage un bas, un passemontagne ou encore un masque. Défaites vos vêtements à la

hâte, comme s'ils avaient été en partie arrachés. Jetez-vous comme un paquet sur le lit et alternez, tout en évitant le ridicule, les invitations à vous prendre sans ménagement et les exclamations de révolte. Inutile de lui en dire davantage : il aura vite fait de comprendre le scénario que vous lui proposez. S'il hésite, s'il perd du temps et s'applique à vous offrir les préliminaires habituels, exhortez-le à plus de fougue, à vous pénétrer directement, sans autre forme de procès.
Si le cœur vous en dit, une variante consistera à l'assaillir, lui. Oui, certains rechignent à se laisser aller de la sorte. Mais le seul moyen d'en avoir le cœur net est encore d'essayer, non ?

69 **Les *glory holes*.** Connaissiez-vous seulement le terme *glory hole* avant d'ouvrir ce livre ? Non ? Vraiment ? Alors, pour toutes celles qui l'ignorent encore, une brève leçon d'histoire s'impose.
Le *glory hole,* littéralement « trou de la gloire », est une installation apparue au cours des années 1970 dans les clubs gay de San Francisco, la capitale homosexuelle des États-Unis. L'opération consiste à pratiquer, dans une cloison peu épaisse, par exemple un simple panneau en contreplaqué, une ouverture circulaire juste assez large pour laisser passer un pénis en érection. De l'autre côté de la paroi, un partenaire s'occupe du sexe anonyme qui lui est ainsi offert, l'introduisant au choix dans sa bouche, son anus ou son vagin – s'il s'agit d'un club hétérosexuel, *of course* ! Il arrive aussi que le panneau soit percé de plusieurs trous, la personne se trouvant de l'autre côté de la paroi pouvant ainsi recevoir de nombreux participants, passer d'un sexe à l'autre et ajouter à la confusion et à l'affolement des sens des porteurs de pénis en érection.

Tout le sel de cette étonnante pratique réside évidemment dans la méconnaissance totale que l'on a du partenaire que l'on pénètre ou par qui l'on est pénétré(e). Le *glory hole* assouvit en cela un fantasme purement masculin – et même typiquement homosexuel – du « sexe pour le sexe », dépersonnalisé et sans aucun affect. Ainsi, si le terme *hole*, « trou », désigne avant tout l'ouverture pratiquée dans la cloison, il qualifie aussi de manière assez juste ce à quoi cette pratique résume les différents orifices humains. Pour parler crûment, on ne fait plus l'amour, on se contente de pénétrer un trou.

Néanmoins, histoire de brosser un portrait un peu moins noir des *glory holes*, on peut aussi voir cette cloison comme une page blanche sur laquelle chacun des participants, de part et d'autre, projette ses propres fantasmes. Puisqu'on ne sait pas qui se trouve réellement de l'autre côté, aucune déception n'est possible ! Ce peut être une star de cinéma ou un ouvrier, un être beau ou laid, peu importe. Par la vertu des sensations qu'il vous procure, l'autre devient ce que vous voulez bien imaginer au comble de votre excitation. Et c'est pourquoi autant de femmes que d'hommes l'apprécient.

Bien sûr, appliqué à votre sexualité de couple, le *glory hole* réservera moins de surprises ! Il est néanmoins envisageable de bénéficier de son effet libérateur. Percez un trou suffisant dans un paravent ou tout support vertical et de faible épaisseur – au pire, contentez-vous de tendre un drap dans le sens de la hauteur. Chacun d'entre vous se placera de chaque côté de cette séparation et attendra de son partenaire qu'il indique la caresse qu'il souhaite se voir prodiguer…

VIII. Mille et un lieux pour le faire jouir

70 **La maison, terre d'aventure.** Souvent brut, sommaire, quasi gynécologique, fait d'une succession de plans crus et sans apprêt, le fantasme masculin s'embarrasse rarement de scénarios complexes. Pourtant, même le plus fruste des hommes a parfois besoin de se « raconter des histoires » érotiques. En des termes un peu directs que vous me pardonnerez, il ne lui suffit pas de bander, encore lui faut-il savoir pourquoi il bande.
Or, ce pourquoi, il pensera le trouver – ou pas, d'ailleurs – dans la subtilité des récits que sa libido voudra bien composer. Et, dans ce contexte, l'environnement, le décor n'est pas la moindre de ses sources d'inspiration. Demandez d'ailleurs à un homme son fantasme le plus courant, il est fort à parier qu'il vous répondra du tac au tac « faire l'amour *sous un pont* » ou quelque autre « baiser *sur le toit* de mon immeuble ».
Nous voici donc revenues en plein exotisme libidineux. À défaut de pouvoir changer de partenaire ou de manière de faire l'amour, le voilà qui fait défiler les fonds, comme au théâtre. De cette variété naît évidemment l'illusion de la multiplicité (→ chapitre VI) : « Je ne fais pas l'amour à la

même femme, puisque ce n'est pas au même endroit ! » Pas très élaboré, comme subterfuge, mais le plus fou, une fois encore, c'est que ça marche !

Et ça marche d'ailleurs si bien que vous n'aurez pas nécessairement besoin de l'entraîner jusqu'au sommet du Kilimandjaro pour que l'exaltation soit au rendez-vous. Figurez-vous qu'il vous suffira parfois de lui suggérer tout simplement de changer de pièce ! Eh oui ! Tant que vous ne les avez pas toutes investies de vos râles et de vos coups de reins, la moindre pièce peut devenir un fascinant terrain de découverte et d'exploration sensuelle.

D'ailleurs, chaque pièce a ses spécificités, ses petits « plus » qui vous permettront de renouveler caresses et positions : le bureau, qui lui permet de vous prendre à la hussarde, le séchoir et les vibrations de la machine à laver, la cuisine et ces aliments dont on prendra tant de plaisir à se tartiner, la salle de bains et sa douche à portée de main (→ 40), le garage et ses odeurs d'huile, de poussière et d'essence – eh bien oui, il y en a que ça excite, figurez-vous !

Pour y parvenir, rien de plus simple. Prenez-le par la main et conduisez-le où vous le souhaitez. S'il est réticent, un simple baiser appuyé suffira à lui faire comprendre que l'usage que vous ferez du lieu devrait lui plaire. Sur place, s'il reste interdit ou maladroit, commencez par une petite fellation, qui a toujours pour vertu de bien le disposer et de le détendre.

71 **La variété du mobilier.** Il y a les lieux, mais il y a aussi les supports. Quand on a fait 3 852 fois l'amour dans un lit, on finit souvent par éprouver un petit fond de lassitude et à rêver à

d'autres écrins pour ses ébats. Et puis, comme un bienfait n'est jamais perdu, vous serez la première bénéficiaire des initiatives que vous prendrez en la matière.

Néanmoins, n'oubliez jamais que votre homme est par nature un sacré ronchon pantouflard qui a horreur que l'on bouleverse ses petites habitudes. Puisque lui trouve son plaisir comme ça depuis quelques centaines de fois, il ne voit pas, *a priori,* pourquoi il irait s'embêter à faire l'amour sur un support incongru et, qui plus est, moins confortable que ce bon vieux lit de 140 centimètres. Il va donc falloir le convaincre. Pour ce faire, essayez donc d'anticiper les propriétés stimulantes de chacun des supports potentiels présents dans votre domicile.

Une balançoire placée à l'abri des regards ? Pas mal pour une pénétration très profonde, lui debout entre vos cuisses ! Des poufs profonds et moelleux ? Idéal pour épargner vos genoux lors des levrettes ! Chacun des supports sélectionnés doit non seulement pouvoir rivaliser avec votre lit en termes de confort, mais aussi s'adapter aux positions ou aux pratiques qu'il aime le plus. Au cours de ma longue vie de maîtresse émérite, je n'ai encore jamais vu un homme qui ne s'affole pas totalement à la vue de son amante lui prodiguant une belle fellation quand il est bien calé au fond de son fauteuil de prédilection.

Ces configurations pourront d'ailleurs vous apporter quelques idées d'accompagnement. Pourquoi ne pas agrémenter vos galipettes sur le canapé du salon d'un petit film X sur l'écran plasma ? Pourquoi ne pas associer un délicat éclairage à la bougie à votre séance spéciale escalier ? Table de la cuisine et chantilly ? Bureau et vibreur du portable ?, etc. Les ressources ne manquent pas !

72 **En voiture.** Que le réalisateur américain qui n'a jamais tourné de scène de sexe dans une voiture lève la main ! Je n'en suis pas sûre à 100 %, mais je parierais que même dans l'œuvre de Woody Allen on finirait bien par en trouver une ! Étrangement, les réalisateurs européens associent moins volontiers sexe et cylindrées.
Quelle que soit la latitude, ce ne sont pas les analogies qui manquent entre la griserie de l'automobile et celle des sens – sans jeu de mots. La voiture est un moyen de transport érotique par nature. Pensez donc ! Un espace confiné où l'on a rien d'autre à faire qu'à parler et à retourner dans sa tête un tas d'idées ! Et puis, bien souvent, la voiture est aussi – et ce, jusqu'à un certain âge – le seul lieu privatif et fermé disponible dans lequel on peut se réfugier quand on n'a pas assez de sous pour l'hôtel ou pas l'âge d'atterrir dans un lit à deux.
Il y a donc dans la voiture un parfum de jeunesse, d'interdit, de « baisers volés », aurait dit François Truffaut. Quelque chose que l'on arrache au temps et à la bénédiction des autres. En bref, la voiture est typiquement le lieu de rendez-vous et des rapports bâclés des amants illégitimes. Si l'on n'y vit pas toujours de grandes sensations, on sait qu'il y aura là une urgence unique en son genre.
Une urgence ? Oui, et par-dessus tout l'urgence de ne pas se faire surprendre. Car la voiture, c'est aussi ce drôle d'endroit où l'on est parfaitement chez soi et pourtant totalement livré à la vue des autres. D'ailleurs, j'en profite pour vous rappeler que la fornication sur la voie publique est un délit. Alors, si vous ne voulez pas que les gros câlins inopinés dans le 4x4 de monsieur ou la citadine de madame se finissent au poste, il importe de bien choisir où garer votre véhicule avant de lâcher la bride à vos pulsions. Selon votre

humeur, vous opterez pour la pénombre un peu glauque et canaille du parking souterrain, la tranquillité d'une lisière boisée, la solitude d'un bord de mer en hiver ou le risque maximum de votre rue, à la nuit tombée – allez savoir pourquoi, mais il y a toujours un voisin pour venir promener son yorkshire à des heures indues…
Petit conseil pratique : dans la mesure du possible, évitez d'occuper les sièges avant. Entre le volant, le levier de vitesse, le frein à main et les différents accessoires – porte-gobelet et autres –, il faut être un contorsionniste du cirque de Pékin pour parvenir à faire correctement l'amour ! Les sièges arrière sont d'ordinaire moins encombrés. Avancez les sièges avant au maximum pour libérer plus d'espace encore. Et surtout, pensez bien à verrouiller l'ensemble des portes, ainsi que le coffre.

73 **À l'hôtel.** Une vieille légende de ma région veut que les hôtels n'aient pas été inventés pour les voyageurs, mais bien pour les amants. Cette idée est d'ailleurs exploitée commercialement depuis de longues décennies au Japon, où furent créés, après la guerre, les célèbres *love hotels*, des lieux de rencontre pour permettre les étreintes – nocturnes, mais aussi et surtout diurnes –, quelques heures durant, de couples illégitimes. Beau pays ! Heureuses Japonaises !
De nos jours, soyons honnête, on croise pourtant plus de touristes en short dans les couloirs des palaces que d'hommes et de femmes brûlant de désir et se ruant dans leur chambre. Mais pourquoi pas vous, au fond ? Pourquoi ne pas vous offrir le frisson – factice – de la trahison dans la parfaite sérénité de la conjugalité ?

Naturellement, il y a « hôtel » et « hôtel ». Si c'est pour goûter au charme concentrationnaire d'un placard à 35 euros la demi-journée, mieux vaut sans doute rester dans la quiétude de votre pavillon. Je ne veux pas jouer ma snob, mais les hôtels qui allient à la fois le confort, le standing et ce petit quelque chose d'authentique ne sont plus légion. Alors, avant de pousser la première porte à tambour qui se présente, procédez à quelques repérages, et sélectionnez-en deux ou trois dans le même quartier.
En revanche, ne réservez pas ! Pour vous exciter l'un et l'autre, l'acte doit demeurer parfaitement spontané, comme un besoin impérieux qui ne souffre plus l'attente. Si le premier hôtel est complet, passez au suivant. À peine entrés dans la chambre, jetez vos vêtements à travers la pièce et vos corps sur le lit. L'hôtel n'apportera le piment attendu que si vous le traitez comme il se doit, c'est-à-dire en enfants gâtés, pressés, impatients. Mieux encore : entrez seule, choisissez une chambre et appelez ensuite votre conjoint pour lui demander de vous rejoindre sans délai. Obscurcissez la pièce et attendez-le, déjà nue, sur le lit…

74 **Au bureau.** Ah ! le bureau ! Lieu de travail, mais aussi lieu de tentation. Est-ce parce qu'on y connaît tant de stress qu'on s'y voit aussi volontiers batifoler ? Il y a sans doute de cela. Et aussi une bonne dose d'interdit. Essayez-vous donc à de plaisants exercices sur votre lieu de travail, faites-vous surprendre, et vous verrez ce qu'il vous en coûtera : au mieux, la mise à pied et le blâme ; au pire, la porte – à moins que ce ne fût avec le patron, évidemment !

Reste que la table en métal coincée entre le yucca et le photocopieur en excite plus d'un. J'en veux pour preuve ces innombrables images, toujours les mêmes, qui encombrent les sites d'exhibitionnistes : monsieur dans son fauteuil de direction et madame à quatre pattes sur le bureau... Au fond, dans les fantasmes de bureau, il y a l'expression d'un instinct de révolte, de rébellion. Il s'agit de souiller le sanctuaire entrepreneurial, de bafouer l'autorité, de jouer au petit chef, de ridiculiser ce que l'on fait avec tant de sérieux le reste du temps. Par conséquent, en entraînant votre homme sur ce terrain, vous lui offrirez non seulement une rafraîchissante variation érotique, mais vous lui fournirez aussi une occasion unique de dire « merde » à tout ce qui lui gâche la vie au quotidien. Du sexe comme vecteur de revendication...

En pratique, ne prenez pas trop de risques. Si vous devez bel et bien vous rendre sur son lieu de travail – ou le vôtre –, venez de préférence le soir après 22 heures, ou le week-end, quand le risque de croiser un collègue zélé est moindre. Renseignez-vous aussi sur les horaires du personnel d'entretien, parfois surprenants. Par ailleurs, s'il faut « badger » à l'entrée du bâtiment, votre passage sera consigné. Justifiez-le spontanément dès le lendemain par un dossier urgent à récupérer ou sous un autre fallacieux prétexte. Inutile de vous le dire : vérifiez que la pièce où vous vous ébattez ne comporte ni caméra de surveillance, ni vis-à-vis trop direct. Dans la mesure du possible, évitez d'allumer la lumière. Aux néons des plafonniers, préférez une simple lampe de bureau.

75 **Dans l'ascenseur.** Sachant que la durée d'un trajet en ascenseur dépasse rarement quelques secondes – même à la tour Montparnasse, on n'en a pas pour plus de 15 à 20 secondes pour s'envoyer jusqu'au sommet ! –, on comprend que ce fantasme demeure le plus souvent à l'état de pure rêverie. La promiscuité, le confinement, la crudité de l'éclairage… Oui, je sais, tout ça rendrait lascif un chanoine, mais, dans les faits, pas facile à concrétiser ! Ajoutez à cela que, un ascenseur étant un lieu public, il est également plutôt rare de ne s'y retrouver qu'à deux.

Bref, le fantasme de l'ascenseur ne serait-il qu'un trompe-l'œil ? Il y a de cela, en effet, mais c'est précisément parce que la difficulté est grande, et le péril, immense, que l'excitation est à son comble quand on y parvient. Retenez qu'en matière de nomadisme sexuel il y a toujours une « prime de risque » quand vous vous exposez à l'irruption éventuelle et inopinée d'un témoin.

Parlons-en, justement, de cet œil tiers dont vous redoutez qu'il vous surprenne autant que vous l'espérez. Enfin, quand je dis « vous », je pense « il », « lui », votre mâle moitié. Une fois de plus, il y verra l'affirmation de son pouvoir, de son emprise érotique sur votre délicate personne. Ce témoin, c'est celui qui validera la capacité de votre homme à vous faire perdre la tête, à vous, en toutes circonstances. Et peu importe que vous soyez celle qui en a pris l'initiative, vous pouvez être sûre que c'est bien votre homme qui en sortira grandi. D'accord, tout ça n'est pas juste, mais c'est une petite « fleur » que vous pouvez bien lui concéder. C'est si fragile, l'ego d'un homme…

Concrètement, choisissez un bâtiment comportant assez d'étages, de préférence à une heure de faible fréquentation

– l'idéal se situant entre 2 heures et 5 heures du matin. Si vous faites cela en pleine journée, vous pouvez tenter le diable en appuyant sur le bouton d'arrêt de l'appareil. Sachez toutefois que, une fois sur deux, celui-ci ne redémarre pas quand vous l'actionnez à nouveau… Il faudra alors attendre l'intervention du dépanneur, ce qui vous laissera au bas mot une bonne demi-heure pour accomplir votre doux forfait.

76 **Transports en commun.** Oh ! je vous fais confiance, mesdames ! Vous trouverez toujours un petit tortillard de campagne qui traverse des régions si désolées que vous serez, tout le trajet durant, les seuls occupants du wagon. Bien. Mais, dans ce cas, où est le risque ? Où est l'intérêt ?

Rassurez-vous, je ne vous incite pas non plus à l'attentat à la pudeur : il ne s'agit pas de vous vautrer l'un sur l'autre dans une rame de métro bondée, sous l'œil goguenard et médusé des autres passagers. D'autant que, si les circonstances sont telles que je les décris, des jeux plus simples pourront stimuler tout autant votre partenaire. Omettez par exemple de mettre une culotte – sans le lui avoir dit au préalable, évidemment. Dans le métro, faites en sorte qu'il se colle à vous, dans votre dos. Il aura tôt fait de remarquer l'absence de la pièce de lingerie. *Idem* si vous êtes assis l'un et l'autre face à face : écartez très légèrement les cuisses, et non seulement il sera le seul à apercevoir votre sexe, mais la proximité des autres passagers rendra le tableau plus excitant encore.

Si la tension devient pour l'un et l'autre insoutenable, reste le recours aux toilettes. Si les transports urbains en sont hélas dépourvus, toutes les lignes de trains et d'avions sont

équipées de ces minuscules cabines inconfortables et si mal isolées – phoniquement s'entend. Laissez-le partir le premier aux toilettes : qu'une femme rejoigne son homme est toujours plus discret que l'inverse. Si vous ne l'avez pas prévenu, préparez un petit papier portant votre prénom et la mention « C'est moi, ouvre », que vous glisserez discrètement sous la porte. Une fois réunis, pensez bien sûr à verrouiller l'accès. Là, l'espace disponible réduisant généralement les possibilités et les postures, la plus agréable des positions sera la bien nommée « entrée interdite » : debout face à la porte, appuyez-vous sur cette dernière avec vos avant-bras. Les jambes légèrement écartées, tendez vos fesses en arrière. Monsieur viendra se placer juste derrière vous. Attention néanmoins à ce que ses coups de boutoir ne fassent pas trembler la mince cloison d'une manière trop caractéristique !
Pour plus d'inspiration, je vous renvoie à une très émoustillante série animée japonaise – dans ce genre si particulier qu'on appelle le *hentai,* c'est-à-dire le manga érotique –, *Xpress Train,* qui ne traite justement que des mille et une manières de se frotter l'un à l'autre dans les transports avec un maximum de discrétion.

77 **Dans la nature.** Ah ! la communion du sexe et des éléments ! L'alliance sauvage de la terre et des forces telluriques qui nous traversent pendant le coït ! Je ne vous ferai pas du mauvais René Char, mais, comme vous peut-être, j'ai quelques souvenirs de cabrioles bucoliques dont l'évocation m'émeut encore aujourd'hui au plus haut point. Bien sûr, il faut savoir faire abstraction des herbes qui piquent, des bébêtes qui

grouillent et des yeux qu'on imagine planqués dans chaque taillis, mais faire l'amour dans la nature, c'est par principe accepter un grand vent frais dans l'ordinaire de ses pratiques amoureuses.

Sont-ils poètes par nature ? Est-ce parce que l'on parle de « mère » pour qualifier la terre qui nous porte ? Toujours est-il qu'il n'est pas un homme pour ignorer la mystérieuse connivence entre nous les femmes et les éléments qui nous entourent. Pas besoin de vous faire la leçon : de Botticelli à Lucien Clergue, il y a eu assez de peintres et de photographes pour célébrer la communion de notre corps avec la nature. Je vous renvoie donc à vos classiques.

Et comme, chez nos compagnons, la tension érotique n'est jamais loin du frisson esthétique, il suffira bien souvent de vous voir à moitié nue, sur fond de dunes, d'eau ou de feuillages, pour qu'il s'enflamme tout à fait. À chaque décor, son ambiance et ses pratiques. Les sous-bois seront plutôt synonymes de coïts verticaux, rapides, aussi secrets que la pénombre qui vous baigne ; l'eau sera l'occasion d'effusions longues, douces et enveloppantes, face à face ; la terre ou le sable appelleront des rapports plus bruts, plus déchaînés.

Pour éviter l'irruption des voyeurs, et même si vous pensez avoir choisi un lieu isolé, vérifiez sur une carte qu'aucun chemin ne passe à proximité. Assurez-vous aussi préalablement qu'il ne s'agit pas d'un endroit fréquenté habituellement par une population de voyeurs, exhibitionnistes ou autres échangistes, et conservez toujours à portée de main une pièce de vêtement facile à enfiler – une jupe pour vous, un short pour lui. Jetez un œil circulaire sur le lieu pour contrôler que vous êtes bien seuls. Au pire, si vous avez encore un doute, orientez un miroir de poche dans la direction suspecte : les reflets du soleil sur sa surface et les rayons ainsi produits devraient faire réagir – donc, trahir – l'individu tapi dans les fourrés…

78 **Dans les lieux publics.** Lorsqu'on a la curiosité et la patience de lire, ici ou là, ces témoignages de couples sur leurs expériences sexuelles les plus folles, on en trouve toujours pour vous raconter comment ils se sont étreints au quatrième étage de la tour Eiffel, dans un jardin public ou dans une salle de cinéma ! Outre le fait que la plupart de ces lettres, destinées à stimuler le lecteur, sont parfaitement bidonnées – rédigées par des journalistes dûment rémunérés à cet effet –, l'intérêt m'échappe en partie.

Au-delà du légitime frisson de l'interdit, j'interprète cette envie qu'éprouvent certains hommes de s'accoupler dans des lieux toujours plus exotiques, et plus risqués, comme l'expression de leur esprit naturel de compétition : toujours plus fort, toujours plus improbable, et surtout toujours plus que les copains ! Non pas que je les soupçonne de nous embarquer dans de telles situations à la suite de paris idiots, mais ils ont généralement si bien intégré ce besoin de se défier les uns les autres qu'ils n'ont pas même besoin de se le dire pour se jeter à corps perdu dans la surenchère.

Pour nous, qui sommes généralement bien moins excitées qu'eux par de telles performances, toute la question est de savoir s'il faut les suivre, les freiner, ou au contraire les inciter. À cette triple interrogation, je répondrai par une pirouette : il faut les canaliser ! Quitte à en passer par là, autant vous rendre maîtresse de ces situations très scabreuses, n'est-ce pas ? D'autant que, je vous le rappelle en passant, en France, en vertu de l'article 222-32 du Code pénal, « l'exhibition sexuelle imposée à la vue d'autrui dans un lieu accessible aux regards du public est punie d'un an d'emprisonnement et de 15 000 euros d'amende ». Par « exhibition sexuelle », le législateur entend « le coït sous toutes ses formes, des actes sexuels réalisés sur soi ou sur autrui, et gestes ou attitudes lascives ou provocantes ».

Ainsi, en ces temps d'omniprésence policière, on comprend que la sanction peut aller bien au-delà de la seule gêne ressentie lorsqu'on se fait surprendre ! À vous, donc, de prendre les choses en main, pour qu'elles ne dérapent pas jusqu'à la porte du commissariat. Pour l'avoir moi-même pratiquée, je peux vous confirmer par exemple qu'une petite fellation prodiguée au dernier rang d'une salle de cinéma aux trois quarts vide – préférez pour ce faire les séances du matin, dans les multiplexes – fera toujours son effet sur l'intéressé, et pour un risque à peu près nul. Plus périlleux, les câlins dans les cabines d'essayage des grands magasins. Ne vous y risquez que si la porte est hermétiquement close, et non pas fermée par un simple rideau, et en l'absence de caméra de surveillance.

Et puis, pour finir, coquine comme vous êtes, rien ne vous empêche de « chauffer » votre homme en public, une main malicieusement placée sur son entrejambe pendant le spectacle, pour ne l'achever qu'en privé, une fois que vous serez rentrés à la maison. Il appréciera d'autant plus cette tension et cette attente qu'il sait que la récompense sera à la hauteur, et non pas bâclée…

IX. Maître ou élève, fantasmes alternatifs

79 **Le maternage.** Au bout du compte, les hommes préfèrent-ils plutôt dominer ou être dominés ? Jouer les maîtres ou les esclaves ? « Les deux, mais ils dominent toujours à la fin ! », ai-je envie de vous répondre. Et ce n'est là l'expression ni d'une quelconque soumission, ni de mes envies. C'est un simple constat : l'immense majorité des hommes rêvent de domination. Pourquoi ? Parce que, comme je l'ai déjà évoqué, l'homme ne construit son identité que dans la négation de la féminité. Dominer la femme, ou tout au moins s'en donner l'illusion, c'est affirmer bruyamment : « Comme je ne suis pas une femme, c'est donc que je suis un homme ! » Ce besoin de différenciation est si impérieux, si crucial, si viscéral même, qu'il prend parfois des voies bien détournées pour se manifester. Et quand je dis « détournées », cela signifie même que l'attitude adoptée par l'homme en certaines circonstances peut être contraire, en apparence, à ce que l'on suppose être l'expression de la domination. Parce que – et cela, tous les amateurs de SM le savent bien – il arrive un certain point dans la relation dominant-dominé où c'est bien le dominé, par ses exigences, par la violence du plaisir ressenti et par ce qu'il attend de l'autre, qui mène la danse.

Il en va ainsi de ces hommes qui aiment, dans l'intimité, se faire littéralement « materner ». Certains sont même excités par le fait d'incarner un bébé que sa « nounou » changera, couchera, soignera, à qui elle donnera le sein et, le cas échéant, une petite tape sur les fesses. Si je doute que votre homme apprécie une telle fantaisie, une petite dose de prise en charge ne sera pas pour lui déplaire. C'est d'ailleurs ce que recouvrait autrefois, au Japon, la fonction sociale de la geisha. Trop vite assimilée sous nos latitudes à une vulgaire prostituée, la geisha était en réalité une femme éduquée et cultivée, dont la mission principale était de chouchouter autant qu'elle le pouvait les hommes dont elle avait la charge.
Un soir qu'il rentre éreinté et bougon du travail, occupez-vous de lui de la sorte : commencez par le déshabiller, puis allongez-le sur le lit et prodiguez-lui un long massage du dos, de la nuque et des jambes. Une fois qu'il est délassé, plongez-le dans un bain chaud, parfumé de sels ou d'huiles essentielles relaxantes. Dans le bain, poursuivez vos effleurements sur le visage, les cervicales, les pieds et les mains. Essuyez-le, séchez-le, habillez-le de vêtements d'intérieur en coton, amples et confortables. Au moment d'essuyer son entrejambe, traitez son sexe comme vous manipuleriez celui d'un petit garçon, c'est-à-dire avec douceur, délicatesse, mais sans rien mettre de sexuel dans votre geste. Cela exaspérera plus encore son désir naissant…

80 **Pas touche !** Chez l'homme, la connexion qui lie l'œil au siège neurologique du désir – en gros, l'hypothalamus – semble directe. De notre côté, nous sommes toujours surprises et un peu déconcertées de voir à quel point l'excitation d'un homme peut

naître vite – et fort ! – à la vision du moindre sein, de la moindre chute de reins ou de la moindre petite culotte. Pour l'homme, tout est motif à désirer, à tel point qu'on se dit que ces pauvres garçons doivent lutter pour ne pas vivre dans un éternel priapisme, tant notre monde déborde aujourd'hui d'images et de signes qui évoquent la sexualité !
Or, si la vue des ces représentations déclenche aussi facilement le désir, ce n'est certes pas pour que ce dernier retombe mollement dans le brouillard de ses pensées et autres rêveries diurnes. Passé un certain point – celui de non-retour –, la machine est en branle, et rien ou presque ne semble pouvoir l'arrêter. C'est d'ailleurs tout le « drame » du désir masculin, si facile à susciter et dès lors impérieux, exigeant, tyrannique. Là où nous pouvons nous satisfaire le plus souvent de laisser notre esprit divaguer, nos amis les hommes n'auront de cesse d'aller « jusqu'au bout ».
Vous voulez le rendre fou ? Rien de plus facile, vous l'aurez donc compris vous-même : il suffit de rompre cette chaîne logique qui va de l'élément déclencheur jusqu'à l'acte sexuel proprement dit. Brisez sciemment ce lien, en jouant sur sa tension croissante, et vous le plongerez dans un état aussi douloureux que voluptueux. Néanmoins, soyez sûre qu'il ne se livrera pas spontanément et de bonne grâce à une telle « torture ». Il va donc falloir ruser…
Proposez-lui par exemple de corser un peu vos ébats en lui liant les mains dans le dos, de sorte qu'il ne puisse ni vous toucher ni défaire son lien. Là, au lieu de le chevaucher ou de jouer avec son corps comme il s'y attend, ne vous occupez plus que de vous. Caressez-vous, masturbez-vous, essayez ce petit *sex toy* que vous avez acheté ensemble et n'avez jamais testé depuis, lancez-vous dans une séance

d'essayage ou une exploration en règle de vos diverses zones érogènes... Jouez enfin les ultimes tentatrices en approchant de son visage et de sa bouche la pointe de vos seins, vos fesses, votre sexe, en les maintenant chaque fois à une distance suffisante pour qu'il ne puisse pas les toucher ni y déposer ces baisers qu'il ne peut plus contenir.

81 **Comme un garçon...** Là, mes petites, vous serez prévenues : c'est tout ou rien. Soit il sera excité au-delà de ce qu'il peut exprimer, soit son orgueil de mâle prendra un tel coup que ce ne sera même pas la peine d'en parler avec lui. Vraiment ? Mais quel est donc ce crime de lèse-majesté que je m'apprête à vous faire commettre ? Qu'allez-vous donc lui faire de si terrible ? Oh ! pas grand-chose, à vrai dire. Juste vous comporter comme lui ! Comme un mec, c'est-à-dire exigeant, pressé, égoïste, sûr de sa capacité à faire jouir sa partenaire et, surtout, sans retenue dans l'expression du désir et de son propre plaisir.

Je vous entends geindre d'ici, habituée que vous êtes à vous contenter de ce que l'on vous donne, et à « dire merci au monsieur » par-dessus le marché : « Mais je ne vais jamais y arriver ! » Rassurez-vous, ça n'a rien de sorcier. Commencez, avant le rapport, par lui annoncer le programme : « Je ne veux ni ceci ni cela, ni telle position, et surtout pas celle qui m'écorche tant les genoux ! » Voilà qui devrait déjà le déstabiliser un tant soit peu. Ensuite, sans vous soucier de ses attentes, réclamez le préliminaire qui vous convient le mieux – cunnilingus, massage des seins, etc. Il refuse ? Il cherche à gagner du temps ? Il a mieux à faire ? Soit. Eh bien, tant pis pour lui ! Vous remballez la marchandise et quittez la pièce, vexée.

Parvenu à ce niveau d'excitation, je peux vous garantir qu'il va rappliquer comme un toutou. Aucun doute là-dessus ! Profitez-en alors pour lui en demander plus, plus longtemps et surtout, exactement comme vous le voulez : « Non ! Pas comme une râpe à fromage, la langue, juste la pointe ! Et circulaire, le mouvement ! C'est pas un mur que tu es en train de repeindre ! » Sacrilège des sacrilèges : à votre tour de prendre sa tête avec vos mains, de la diriger, d'orienter et de poser ses mains où il faut... Il est maladroit ? Dites-le-lui ! Il a des moufles à la place des mains ? Faites-le-lui bien comprendre en prenant la direction des opérations ! N'hésitez pas – une fois n'est pas coutume – à être sans concession, voire cassante. Choisissez néanmoins vos termes : même s'il s'agit d'un jeu, les mots blessants restent. Dites-lui « non, pas comme ça, mais comme ça » plutôt que « t'es vraiment un manche, mon pauvre garçon ! ».
S'il n'a pas une réaction immédiate de rejet, c'est que votre petit numéro a trouvé un spectateur à la hauteur, et que, plutôt que de pleurer sur son ego piétiné, il se dit, tout content : « Mince, alors ! Elle aime donc ça autant que moi ? »

82 **La fessée.** Vous êtes là, étendue sur le lit, belle à le faire se damner, la pose lascive, la croupe nue, les fesses offertes. Et, au lieu de lui demander un massage comme à l'accoutumée ou d'attendre sagement ses sempiternelles caresses, vous lui lancez, avec un tremblement d'émotion dans la voix : « Donne-moi une fessée ! »
Il partira sans doute d'un bon gros rire, vous traitera sans doute de « petite coquine » ou autre mot doux. Il sera en quelque sorte flatté que vous le mettiez soudain dans cette

position du « maître » qui châtie son élève. Comment ? Il ne vous l'a jamais dit ? Pourtant, il se l'avoue à peine lui-même, mais il en rêve ! Oh ! ce n'est ni le plus fréquent ni le plus excitant de ses fantasmes, certes, mais il a ce parfum d'interdit, cette puissance de la violence contenue, ce côté « ligne rouge » que l'on franchit et qui ne laisse jamais insensible. Pour accentuer l'effet, attendez qu'il soit assis, par exemple au bord du lit. Là, venez vous allonger sur ses genoux et présentez-lui votre postérieur, rebondi et tendu vers son visage, comme un appel aux claques qui bientôt tomberont lourdement sur les deux globes si moelleux. Pas un homme ne saura résister à la tentation, pas un ne refusera cette occasion unique d'affirmer son autorité brute, qui ne souffre dès lors aucune contestation. Après deux ou trois tapes timides, incitez-le à plus de rudesse avec un « encore… » murmuré. S'il est normalement constitué, il comprendra que cela signifie « encore des tapes ! », mais aussi et surtout « encore plus fort ! »… Pour le décontenancer tout à fait, piaillez de douleur quand sa main se fait trop lourde… pour réclamer aussitôt la tape suivante ! C'est là, en principe, que l'ivresse le gagnera et qu'il vous faudra être vigilante. Pour que le jeu ne vire pas à l'« avoine », sautez prestement de ses genoux, aussi vite que vous vous y étiez étendue, comme si de rien n'était. La parenthèse se referme, et seul le léger rosissement qui marbre vos fesses est encore là pour en témoigner…

83 **La fausse contrainte.** Les cas ont beau être rares, j'ai toujours surpris un sourire d'amusement et un frisson d'envie chez les hommes qui m'accompagnent quand les médias rendent compte de tels événements. De quoi s'agit-il ? Des viols

perpétrés par des femmes. Des viols en réunion, le plus souvent, qui plus est… Et ces messieurs de se voir assaillis par une meute de louves en chaleur tout droit sorties d'un film X ou d'une agence de mannequins.
J'imagine que, dans les faits divers évoqués, la réalité était bien sûr on ne peut plus sordide. Mais, puisqu'il est ici question de fantasmes, laissons-les donc enrober le tout de ce vernis glamour et un peu toc qui les émoustille tant. Et, puisque vous et moi sommes de bonnes filles prêtes à tout pour les satisfaire, offrons-leur donc un aperçu de ce que peut faire une femme lorsqu'elle « agresse » un représentant du sexe dit fort.
Restez donc habillée, mais si possible vêtue dans un style qui évoque autant la guerrière et l'amazone que la femme sensuelle que vous êtes. Par exemple, un tailleur ouvert sur une lingerie noire ou rouge, un blouson en cuir porté à même la peau, etc. Commencez par faire tomber votre partenaire, de préférence sur le lit. Croc-en-jambe, poussée ferme dans le dos… Un rapport « contraint » débute toujours par la chute de celui ou celle qui le subit. L'idéal est de le faire tomber le visage contre les draps. Sans lui laisser le temps de se retourner ou de se rétablir, bondissez sur son dos. Saisissez-vous de l'un de ses poignets et ramenez-le-lui dans le dos. Sortez la paire de menottes que vous dissimuliez dans l'une de vos poches et refermez la pince sur le poignet ainsi maintenu. Vous n'avez plus qu'à tirer sur l'autre extrémité pour pratiquer une clé et pour que, bien docilement, il vous laisse lui passer la seconde menotte au poignet encore libre.
Vous n'avez plus qu'à retourner votre « paquet » sur le dos. Il est vôtre, totalement vôtre désormais, et bien conscient

d'être livré à votre merci. En principe, il devrait réagir à cette soudaine prise de pouvoir sur le ton de la rigolade, tendance « Ha ! ha ! mon amour ! Tu m'as bien eu ! ». Pour lui faire regretter son arrogance, n'hésitez pas à le faire un peu « mariner » : quittez la pièce, fermez la porte à clé et laissez-le seul quelques minutes sans répondre. Puis revenez dans la chambre – que vous aurez pris la peine d'obscurcir au préalable – et éteignez la lumière. Jetez-le de nouveau sur le lit et achevez de le mettre tout à fait nu. Encore quelques minutes silencieuses, sourde à ses interrogations et ses suppliques, à le laisser sentir le froid peu à peu l'étreindre. Maintenant, il est temps de vous occuper de lui.
Puisque c'est vous la « violeuse », il est hors de question de lui offrir ce qu'il aime : ni massage ni caresses, et encore moins une fellation. Prenez votre plaisir comme un dû. Volez-lui ses baisers et son sexe, ruez-vous dessus sans ménagement. Ensuite, une fois vos besoins satisfaits, prolongez quelques instants le spectacle de votre homme ligoté, essoré, nu comme un ver, devenu votre objet exclusif de plaisir…

84 **Le vengeur masqué.** La présente suggestion s'inspire d'un sport à mon goût sous-évalué dans ses vertus érotiques et esthétiques : le catch. Non, ne vous pincez pas, j'ai bien dit « le catch » – en anglais, *wrestling*. Là, vous devriez penser que je suis décidément une vieille folle et balancer le livre dans la première corbeille venue ! Qu'est-ce que ce spectacle toc et vulgaire, ce simulacre des jeux du cirque peut bien apporter à votre sexualité ? Franchement, ça vous échappe.

Eh bien, considérons pour commencer cette tradition qui veut que l'un des compétiteurs se masque. Ce n'est pas une figure imposée par la fédération dudit sport, encore moins une obligation, mais plutôt une facétie de quelques catcheurs de la grande époque – les années 1950 et 1960, quand le catch était encore très populaire en France –, qui devint progressivement une astuce scénographique pour dramatiser le spectacle : d'un côté, le « bon », le solaire, généralement torse nu, à visage découvert ; de l'autre, le « méchant », le sépulcral, généralement recouvert d'un justaucorps sombre, le visage masqué.

L'idée est de donner à votre homme le second de ces rôles, celui du « vengeur masqué », de révéler la bête anonyme et dépersonnifiée qui sommeille en lui (→ 68). Il n'est plus Marc, Ahmed ou Jean-Paul, il est « la chose », l'énergie sexuelle mâle à l'état brut. Notez que cet artifice rejoint en cela l'énergie étrange et libératrice qui prévaut dans l'usage du *glory hole* (→ 69).

Une fois son masque, sa cagoule ou son passe-montagne enfilé, dévêtez-le. Mettez-vous nue également et, le prenant par surprise, jetez-vous sur lui. Plaquez-le sur le lit en appliquant sur lui ce qu'il vous reste des prises de judo de votre enfance. S'il a un tant soit peu l'esprit joueur, il comprendra que c'est bien à une lutte, à un corps-à-corps vigoureux – et non pas violent, nuance – que vous l'invitez. Bien sûr, à mesure que l'effusion se prolongera, certains gestes se feront plus doux, plus précis, plus ciblés. Le jeu de chiots muera lentement en un jeu de chiens en chaleur et terminera comme vous l'imaginez… Mais il y aura eu cet affrontement, ce combat « pour rire » – comme le catch, CQFD – où vous aurez tout à la fois prouvé, vous madame, que vous pouviez lui tenir tête, et lui votre homme, qu'il était bel et bien le plus fort, le seul mâle en ces lieux, l'incontestable dominant.

85 **Le *bondage*.** Pas évident de résumer en quelques lignes ce que d'aucuns considèrent comme un art érotique à part entière, j'ai nommé le *bondage* – prononcez « bondèïdj ». Sous ce terme souvent mal compris, et qui signifie à l'origine « esclavage », on retrouve toutes les pratiques qui consistent à attacher son partenaire à l'aide de chaînes ou, plus fréquemment, de simples cordes, du simple ligotage de poignets jusqu'à des figures beaucoup plus complexes, lesquelles appartiennent à un véritable catalogue de compositions plus ou moins codifiées.

Paradoxalement, le *bondage* est à la fois la plus radicale privation complète de liberté de mouvement et la plus populaire des pratiques sado-maso, de celles que M. ou Mme Tout-le-Monde s'imaginent bien essayer une fois, rien qu'une fois. Dans la plupart des cas, le *bondage* ne s'assortit d'aucune véritable violence physique, ni d'aucune douleur immédiate – si ce n'est celle, à la longue, ressentie par le « soumis » dont les membres sont immobilisés, voire contorsionnés.

La séance se fait généralement dans le silence et la concentration, celle du dominant qui s'applique à reproduire des figures ou à les varier. Chez ces esthètes du ligotage, c'est la corde qui a toutes les faveurs, parce qu'elle fait peu de bruit, et aussi – et surtout – parce qu'elle permet d'ajouter à l'assemblage la petite touche de poésie des nœuds, comme des fleurs déposées sur le corps supplicié de leur esclave. La séance de ligotage s'apparente ainsi au lent tissage d'une toile, le dominant jouant le rôle d'une araignée qui étouffe peu à peu l'être qu'elle désire. Ce cérémonial est très bien illustré dans *Romance,* le beau film de Catherine Breillat. On y voit comment une jeune femme « dans la norme » découvre le plaisir intense et apaisant de se faire ainsi contraindre.

Le plus souvent, le *bondage* est pratiqué sur des femmes par des hommes, perpétuant la répartition classique des rôles dominant-dominé entre les deux sexes. Or, tout l'intérêt de ce que je vous propose ici est précisément de renverser cet ordre trop bien établi. Chez l'homme, l'excitation proviendra de ce sentiment troublant d'être totalement livré à sa partenaire. Lui qui ne vit d'ordinaire que dans le contrôle et l'affirmation de soi apprendra de ce fait l'ivresse – plus douce – de l'abandon et du lâcher-prise.

Si vous ligotez donc votre partenaire, demeurez vigilante : ne le laissez jamais seul et, à intervalles réguliers, contrôlez sa circulation sanguine. Dans le pire des cas, si certains de ses membres deviennent froids, ou bleus, si le « soumis » se plaint de douleurs ou au contraire d'une insensibilité totale, surtout, défaites les liens immédiatement.

X. Ce qu'il n'avouera jamais...

86 **Adoration exigée.** Nul besoin d'être docteur en sexologie – mais juste une femme ! – pour savoir à quel point ces messieurs considèrent avec fierté et orgueil leur appendice génital. Là où nous autres, êtres sans phallus, nous persuadons à tort que nos vagins sont « moches » et « sans intérêt », il n'est pas un homme qui ne voue un véritable culte à son « engin ». Petit ou gros, beau ou laid, efficace ou non, un homme se définit avant toute chose par cet élément de différenciation saillant, si bien que tout ce qui peut en vanter les mérites contribuera à renforcer sa masculinité. Ainsi, quand certaines d'entre nous déplorent, avec un soupçon de dépit et de vulgarité, que les hommes ont « une bite à la place du cerveau », je ne peux pas leur donner tout à fait tort...
Au-delà de cette commune propension somme toute assez inoffensive, certains sont plus sensibles encore que d'autres à l'attention dévote que vous, élue de leur cœur et de leur couche, porterez à leur pénis. Même maladroite, même dépourvue de la moindre sincérité, la flatterie à ce sujet trouvera toujours chez eux une oreille aussi attentive que bienveillante.

Mais sachez que même la moins vaniteuse des verges ne se paie pas que de mots ! Vous extasier devant ladite chose est bien le minimum que votre homme attend de vous, la déclarer « belle », « douce », « bonne », et surtout – oh ! oui, surtout ! – « grosse », est bien le moindre des hommages que vous devez lui rendre. Donc, si votre conjoint vénère sa bite par-dessus tout, pensez à lui présenter d'autres offrandes – comment dire ? – moins virtuelles.
Je ne reviendrai pas sur la fellation (→ 23-27) : vous savez déjà à quel point cela lui importe. Pour autant, ne vous contentez pas de ce basique. Comme il aime à contempler votre vagin des heures durant, faites mine, vous aussi, de prendre un plaisir infini au spectacle de son sexe. Jouez avec la chose, mais sans jamais de brusquerie. Caressez-la, pétrissez-la doucement entre vos mains jointes comme s'il s'agissait d'une baguette de pain prête à être mise au four. Des baisers très légers, de petits coups de langue ou de nez, le jeu subtil de votre chevelure soyeuse sur la surface sensible de son gland, tout cela sera très apprécié.
N'oubliez jamais que, en la matière, c'est moins l'exceptionnel qui fera loi que la régularité : il ne veut pas seulement que vous adoriez son pénis, il veut que vous pratiquiez ce culte avec l'assiduité d'une bigote ! Une fois par semaine au moins, offrez-lui donc une petite séance. Sans aller jusqu'à ces extrêmes, songez à ces femmes japonaises qui jadis pratiquaient l'art délicat du *kokigami*, c'est-à-dire l'emmaillotage de la verge dans un savant pliage de papier, sorte de décor pénien sur mesure.

87 **Le film de vos ébats.** Après tout, pourquoi me faire plus dessalée et cochonne que je ne le suis ? Je vous dois bien une petite minute de

sincérité : me voir les quatre fers en l'air ou pliée en deux sous le ventre de mon amant, le visage déformé par la jouissance, assister au spectacle de mon propre abandon, rien de tout cela ne m'a jamais excitée. Voilà, c'est dit ! Un vieux fond d'éducation rigide, je suppose... Et pourtant, qu'ils aiment ça, eux, nos obsédés préférés ! Comme ça les excite, ce mélange de voyeurisme, d'exhibitionnisme et de télé-réalité !

Si vous vivez quelques années avec un homme, vous n'y couperez sans doute pas : un jour ou l'autre, le sujet tombera sur la table, et la caméra – ou l'appareil photo – fera subrepticement son apparition dans la chambre à coucher. Alors, le moment venu, plutôt que de subir la situation et de le mettre dans une position inconfortable en lui volant ces images, prenez donc les devants. Mis en scène par vos soins, le film de vos ébats sera toujours plus satisfaisant – et moins « dégradant », selon nos critères féminins – que s'il est réalisé par votre « Doc Gynéco » de service.

Ainsi, la prochaine fois que monsieur vous suggérera timidement, comme un gamin pris en faute, que vous pourriez « peut-être, allez, s'il te plaît », regarder « un bon petit porno des familles », dites-lui : « D'accord, mais le nôtre ! » Là, le point est pour vous, puisqu'il ne s'attendait probablement pas de votre part à une telle initiative. Profitez-en pour décider, seule, du moment adéquat – c'est-à-dire pas le jour où vous vous sentez « moche » et fatiguée... –, de l'emplacement de la caméra par rapport au lit et des positions que vous prendrez devant l'objectif.

Votre homme sera sans doute déconcerté que vous preniez ainsi les choses en main, mais ne capitulez pas pour autant s'il entend se saisir du gouvernail. Cherchez plutôt à valoriser sa performance d'« acteur » : à vous la mise en scène, à lui la vedette de votre futur film ! Une fois les images enregistrées, soyez plus que vigilante quant à l'usage qui en sera fait et à leur circulation. Ce n'est pas parce que vous vous pliez à ce petit jeu que vous souhaitez pour autant que vos amis, votre famille ou, pire encore, vos enfants vous voient dans de telles circonstances. Limitez donc les supports sur lesquels ce film sera reproduit, et réservez-en rigoureusement l'accès – un DVD sous clé fera très bien l'affaire.

88 **La double pénétration.** Je vous rassure tout de suite : je n'ai absolument pas l'intention de vous proposer une partie à trois. En premier lieu parce que je ne suis pas un garçon et que je serais donc bien en peine de vous satisfaire de la sorte, ensuite parce que ce type d'expérience ne saurait se conseiller à un tiers. Si je suis à peu près certaine que votre conjoint en a déjà eu le fantasme, je suis à peu près aussi sûre que, de votre côté, vous n'en avez qu'une envie modérée.

Pourtant, dans son désir de vous posséder totalement, votre homme nourrit aussi celui de vous combler autant qu'il le peut. Et il se sent donc parfois un peu « limité » avec son unique sexe et sa seule bonne volonté pour étendard. D'où mon idée – pas complètement idiote, vous en conviendrez – de satisfaire sa soif de pouvoir tout en flattant vos sens.

Pour commencer, il faudra briser ce qui est peut-être encore pour vous un tabou. Si votre anus n'a jamais été par quiconque honoré, la perspective de vous y enfiler un objet en plastique moulé ne vous enthousiasme sans doute guère. Mais notez à ce propos qu'il est possible de procéder à une initiation en douceur : les « perles », ou *anus pickets,* présentent des diamètres et des longueurs bien plus raisonnables

que les godemichés et autres *plugs*. Et, avec une noisette de lubrifiant, ce devrait être encore plus agréable...
Passé cette étape – que vous aurez franchie seule, de préférence –, sortez maintenant votre gadget lors de vos rapports à deux. Faites-le saliver en évoquant de vive voix l'excitation que vous éprouverez à ce qu'il vous pénètre doublement. Si vous craignez sa brusquerie, exigez d'être la seule à manipuler les accessoires en question. Commencez par un mouvement inverse à la pénétration de son pénis dans votre vagin, en alternance – quand votre homme entre, votre accessoire sort, et vice versa. Puis, lorsque vous vous y serez habituée, engouffrez les deux engins de concert ! Enfin, si le cœur – ou le cul – vous en dit, offrez-lui cette ultime récompense d'une double pénétration dont le godemiché assurera le versant vaginal, et son pénis, l'axe sodomite.

89 **« Le goût des femmes laides ».** Dans sa magnifique confession, *Le Goût des femmes laides,* le romancier Richard Millet raconte comment, se considérant lui-même comme fort laid, il développa une dilection toute particulière pour les femmes réputées disgracieuses.
Bon, je doute que vous soyez toutes des laiderons et vos maris, des Quasimodo de foire – ce qui en soi vous semble d'ailleurs plutôt favorable à l'épanouissement de votre sexualité de couple, et vous avez raison... mais en partie seulement. Car, s'il est bien un goût secret que votre homme ne confessera que sous la torture, c'est cet appétit qui le saisit par moments pour des femmes objectivement peu gâtées par Dame Nature. Pourquoi, me demanderez-vous, vous qui faites tant d'efforts pour être « jolie », pour rester

« séduisante » ? Entendons-nous bien : ces efforts ne sont bien sûr pas inutiles et, si vous veniez à vous négliger de manière régulière, votre homme serait sans doute le premier à vous en faire le reproche, ou tout simplement à se détourner de vous, sans un mot.

Mais à cela il faut ajouter trois choses. La première, que chacune d'entre vous est à même de comprendre, c'est que même « la plus moche du monde » a toujours besoin d'un faire-valoir. Un monde où toutes les femmes auraient la plastique d'un mannequin Elite serait un monde triste et sans relief, pas vrai ? Et la beauté et le désir ne naissent que du contraste. Ainsi, un homme ne désire jamais une femme dans l'absolu, il la désire juste plus que les autres... Ce qui vaut pour toutes les femmes, pour vous également. Il a besoin que vous soyez apprêtée certains jours, et rendue à l'état naturel certains autres.

Ensuite, et c'est sans doute plus difficile à comprendre, il nous faut admettre que pour eux – comme pour nous, d'ailleurs, soyons honnêtes un instant –, la beauté et le désir ne sont des forces ni linéaires ni nécessairement parallèles. Une belle femme peut le laisser de glace, tandis qu'une fille « quelconque » exercera sur lui une attraction sensuelle irrésistible. Le choix d'un partenaire sexuel ne se fait d'ailleurs pas sur des critères objectifs, mais sur un ensemble de signaux plus ou moins conscients – traits, gestes, attitudes, voix, phéromones, et j'en passe –, et dont les infinies combinaisons laissent, à peu de chose près, autant de chance aux beaux qu'aux laids.

Enfin, faire l'amour avec une personne dont on pense sincèrement qu'elle est moins belle que soi est aussi un moyen, peut-être peu glorieux, mais assez commode, de se valoriser, de regonfler l'estime et l'image que l'on a de soi-même. Peut-être pas si la relation perdure, mais à coup sûr si elle demeure

éphémère. *A contrario*, les deux effets n'étant pas contradictoires, mais bien complémentaires, il y a souvent un certain plaisir à s'avilir quelque peu dans l'acte sexuel. Or, quoi de plus avilissant que de concéder un rapport à une personne dont le physique devrait en principe nous repousser ?
Voilà donc autant de raisons qui pourraient vous inciter, de temps à autre, à vous transformer en ce « laideron » qui amplifiera votre éclat ordinaire. Un soir, omettez de vous maquiller, passez les plus moches de vos vêtements d'intérieur, ne vous coiffez pas, ne vous brossez pas les dents et conservez de vulgaires sous-vêtements portés la veille. Si cela vous amuse, vous pouvez même porter symboliquement un masque effrayant, genre Frankenstein ! Ensuite, jetez-vous sur lui comme un succube assoiffé de sexe. Vous verrez qu'il vous réclamera à nouveau ce scénario infernal !

90 **« Le déclic ».** Dans la célèbre bande dessinée *Le Déclic*, écrite et mise en images par le maître de l'érotisme italien Milo Manara, la belle Claudia Cristiani est le jouet de l'étrange Dr Fez. Pour mieux assouvir ses propres fantasmes, celui-ci place dans le vagin de la jeune femme un objet vibrant qu'il peut commander à distance. Usant et abusant du procédé, il fait jouir Claudia à tout propos, y compris, bien évidemment, dans les circonstances les moins appropriées.
Depuis le premier volume de cette série, sorti en 1984, la réalité a rejoint, et même largement dépassé la fiction, depuis que les œufs, les boules et autres minivibromasseurs radiocommandés sont en vente dans tous les sex-shops du monde. Sortaient même il y a quelques mois des modèles réagissant à l'envoi d'un SMS ou aux pulsations de la

musique diffusée par un iPod, le célèbre baladeur numérique produit par Apple !
Si vous vous sentez prête pour un tel appareillage, surtout, n'hésitez pas ! Cela dit, je ne vous garantis pas que les sensations seront toujours au rendez-vous. Comme chacun(e) sait, la stimulation vaginale par vibration sera, sauf pour une faible minorité de femmes, toujours moins agréable que la stimulation clitoridienne. Mais peu lui importe alors : pour lui, l'essentiel est d'imaginer que, à l'instar de la belle Claudia, vous serez susceptible de jouir sur commande, quand et où il le décidera.
La portée de ces engins étant assez limitée, vous serez généralement dans la même pièce que lui, mais, si le dispositif le rend un peu plus facétieux qu'à l'accoutumée, il pourra avoir envie de l'expérimenter lors d'un dîner entre amis ou d'une soirée en famille. Dans *Shortbus,* l'excellent film de John Cameron Mitchell, le personnage principal, la sexologue frigide Sofia, est au cœur d'une scène mémorable où son mari perd la télécommande en question. Ballottée, confondue avec une vulgaire commande de téléviseur, cette dernière finit par provoquer sur la jeune femme des sensations inattendues !

91 **Pas de gâchis !** Fasciné par son propre sexe, l'homme l'est tout autant par ce qui s'en échappe, autrement dit son sperme. Dans une récente émission de radio à laquelle je participais, l'animatrice demanda à ses auditeurs masculins lesquels d'entre eux avaient déjà eu la curiosité de goûter à leur semence. Eh bien, ce fut un unanime 100 % de réponses positives ! Oui, tous les hommes, sans exception semble-t-il, ont une vision presque sacrée de leur sperme.

Vous vous en doutez, mes amies : si tel est leur point de vue, pas question de plaisanter sur le sujet avec eux ! Et je dirai même mieux : nous sommes souvent sommées d'abonder bruyamment en ce sens. Or, franchement, le sperme, à part avoir l'énorme avantage de nous fertiliser quand nous en avons besoin, est loin d'être une passion pour la plupart d'entre nous. La consistance, l'odeur, sans parler du goût... Je ne voudrais pas vous en dégoûter, mais ce n'est pas franchement ma boisson préférée.

À moins que vous ne vous connaissiez de véritables réactions allergiques au sperme – c'est rare, mais cela arrive –, il est pourtant un moyen assez simple de faire plaisir à votre chéri. Comment donc ? Tout simplement en conservant son sperme en vous assez longtemps après l'éjaculation, pour qu'il ait l'impression que ce présent qu'il vient de vous faire a pour vous autant de valeur que pour lui. En vous lavant immédiatement après la fin du coït, vous lui donnez au contraire l'impression, pour lui très dévalorisante, que cette sécrétion n'est qu'un épiphénomène négligeable, voire un peu désagréable, de la relation que vous venez d'avoir. Cela vous paraît sans doute un peu ridicule, je sais, mais votre homme attend plus de considération de votre part pour son sperme.

Certains d'entre eux – une minorité – poussent même cette dévotion séminale jusqu'à aller goûter leur sperme où ils l'ont déposé, c'est-à-dire à l'entrée de votre vagin, d'où il finira par s'écouler inévitablement. On appelle ces hommes des « soupeurs », puisqu'ils vont littéralement « à la soupe » dans votre entrejambe. Bien sûr, je ne vous dissuaderai pas de refuser une telle pratique si cette perspective vous choque... ou simplement si sa vision est pour vous source d'hilarité !

92 **Le *face sitting*.** C'est un fait établi par toutes les statistiques sur les pratiques buccogénitales : si de nombreuses femmes rechignent encore à pratiquer la fellation, une majorité d'hommes professe une véritable passion pour le cunnilingus et, plus généralement, pour toute caresse de la bouche ou de la langue sur la zone génitale de leur partenaire. Pour nous, pas de problème ! Quoique la compétence et la technique ne soient pas toujours au rendez-vous, je vous le concède.
Dans cette grande famille des caresses qui unissent la bouche et le sexe, il est pourtant une pratique que ces messieurs adorent, mais que peu d'entre eux osent réclamer, j'ai nommé le *face sitting*. C'est un terme que vos notions d'anglais niveau collège devraient vous permettre de décrypter : il s'agit pour la femme de s'asseoir littéralement sur le visage de son partenaire. Les genoux pliés, accroupie sur les cuisses, elle doit donc pouvoir plaquer sa vulve sur la figure – et plus précisément sur la bouche – de son amant, sans pour autant l'écraser ni l'étouffer.
Cela semble simple, mais, en pratique, ce n'est pas évident. Selon la morphologie et la corpulence de la partenaire, la sensation peut être très différente pour l'« homme-siège » – de l'effet « plume soyeuse » jusqu'au mammouth à poils durs ! Pour que la posture soit agréable pour vous deux, n'hésitez pas à essayer diverses variantes, notamment en vous asseyant sur son visage d'abord face à lui, puis tête-bêche, en lui présentant vos fesses.
Bien sûr, cette fantaisie est en principe favorable au cunnilingus. Pourtant, le nez enfoui dans votre toison, ses lèvres pressées contre les vôtres, il ne pourra pas toujours dégager sa langue et la rendre aussi disponible et agile qu'il le

faudrait. C'est qu'en réalité le *face sitting* vaut surtout par l'image de soumission totale qu'il lui offre. Ainsi dominé par votre entrejambe, il se soumet non seulement à vous, mais plus encore à votre sexe. Il devient sa « chose ». Il se réduit volontairement à l'état de simple coussin. « La chair comme un tapis de prière », comme le dit joliment ce titre d'un roman érotique chinois…

93 **L'éjaculation faciale.** Sperme sacré, sperme tout-puissant… Sperme comme une signature, aussi. Chez l'homme, sa semence est si importante à ses yeux qu'elle lui apparaît en quelque sorte comme son sceau – ou, plus exactement, comme l'encre dont il tatouera ce qui lui appartient. S'il pouvait l'épandre partout où il passe, comme un chien marque son territoire, nul doute qu'il le ferait !

À défaut, c'est sur vous qu'il entend laisser son empreinte, à ses yeux indélébile. C'est pourquoi éjaculer à l'extérieur de votre vagin, et ce faisant sur votre corps, est si important pour lui. Sur votre ventre, vos cuisses, vos seins bien sûr, mais plus encore votre visage, pour lui siège de votre âme et de votre personnalité.

Si cette expression un rien brutale – et pour le moins spectaculaire – de son instinct de propriété à votre égard ne vous choque pas, sachez que vous lui ferez le plus grand des plaisirs. À chaque éjaculation faciale, il aura le sentiment que votre « moi » sexuel lui appartient un peu plus encore. C'est d'ailleurs tout le paradoxe de l'usage systématique de cette figure dans les films pornographiques : pour s'approprier ces femmes qui par nature sont à tout le monde, les acteurs leur jettent des hectolitres de semence au visage, dans un acte vain, presque désespéré. Cela dit, je vous rassure : les acteurs de films X prennent des substances qui augmentent artificiellement le volume de leur éjaculat. Chez les hommes « normaux », celui-ci ne dépasse pas 4 millilitres, soit quelques dizaines de gouttes tout au plus. Néanmoins, comme l'éjection est parfois très rapide, veillez à ne pas diriger son sexe vers vos yeux : le sperme peut parfois brûler légèrement la surface de l'œil, et la transmission des diverses MST est alors possible…

94 **La sodomie.** Mon Dieu ! Je pourrais écrire quelques pleins volumes sur la sodomie ! Non pas que je revendique un goût si prononcé ou une quelconque expertise sur la chose, et puis, de toute façon, l'auteure américaine Toni Bentley l'aura sans doute fait bien mieux que moi dans son ouvrage de référence sur le sujet, sobrement intitulé *Ma reddition.* Elle y explique comment, d'un acte tout juste consenti à l'origine, elle s'est prise d'une folle passion pour cette possession totale de son corps par l'autre. Il y a tant à dire, il est vrai, sur cette pratique réputée de tout temps « contre nature »… Mais contre quelle nature, au juste, quand on sait que nombre d'animaux s'enfilent joyeusement par le rectum depuis toujours, bien avant que l'homme n'invente même le mot pour décrire un tel acte ? Pourtant, un parfum d'interdit – et pas que d'interdit, d'ailleurs – flotte toujours sur la sodomie, alors même qu'elle est dépénalisée dans l'immense majorité des pays du monde et qu'on sait qu'une femme sur trois et un homme sur deux environ confessent l'avoir pratiquée au moins une fois dans leur vie. Maintenant, mettons-nous deux secondes à la place de notre bonhomme. Des choses que la morale réprouve et qui

l'excitent, il y en a des centaines d'autres, et pourtant, peu le tarabustent comme cette petite chose-là. Pourquoi donc ? Très objectivement, du point de vue de celui qui pénètre, la sodomie est un acte très agréable : « Mieux que le coït vaginal, mais juste un petit cran en dessous de la fellation », comme me l'ont confié la plupart de mes amants. Le pouvoir de constriction du sphincter anal, associé à l'étroitesse du rectum sur toute sa longueur, font que le pénis se voit enserré et massé d'une manière beaucoup plus vive que lors du coït vaginal. La position, ensuite : on connaît l'amour des hommes pour les positions dites *a tergo,* c'est-à-dire à quatre pattes derrière nous. Or, c'est dans cette posture que la sodomie se pratique le plus facilement.

Pour finir, sodomiser sa partenaire est pour l'homme moyen, comme l'a si bien exprimé Toni Bentley, la marque de son pouvoir absolu. Tant qu'il ne l'aura pas accomplie, il conservera, tapie au fond de lui, comme une bête sournoise qui le ronge, l'idée que sa femme n'est pas totalement sienne. Il n'aura donc de cesse de vouloir visiter, au moins une fois, juste une fois, cette pièce qu'on lui refuse. Condamnez une porte, et il y aura toujours un individu pour la forcer, n'est-ce pas ? Eh bien, il en va exactement de même pour notre anus.

Cela dit, mes sœurs, je n'essaye pas de vous faire entendre que, pour satisfaire ses caprices de petit propriétaire, il n'y a d'autre solution que d'accéder à cette demande. Après tout, chacune est libre – et seule, hélas – face à ce type de choix. Ce que je peux vous dire en revanche, et en toute objectivité, c'est que, si la sensation physique est au mieux quelconque – et au pire assez douloureuse –, le sentiment d'appartenir de la sorte à son amant, elle, est unique. Parfois même sublime. Mais je ne dis pas non plus « l'essayer,

c'est l'adopter » : je pense que cela doit rester de l'ordre de l'exceptionnel.
Si vous hésitez encore, si la crainte vous tétanise et referme votre anus comme une porte infranchissable, peut-être pouvez-vous commencer par quelques jeux plus doux ? Introduction de la première phalange d'un doigt fin, puis d'un doigt plus épais, puis d'une seconde phalange, etc. ? Sans jamais oublier de lubrifier aussi abondamment que possible, à l'aide d'un gel à base d'eau.

95 **L'œil qui pénètre.** Comme je l'ai déjà dit, je ne le répéterai plus qu'une seule fois : notre sexe fascine nos hommes. Au point que Freud parlait à son propos d'un « continent noir » qu'il ne serait jamais possible d'explorer et de connaître tout à fait. Il devait songer à ses aspects psychologiques et symboliques – bien sûr… – car, d'un point de vue strictement gynécologique, il est beau temps que l'on sait tout ce qu'il y a à savoir sur « le sexe de la femme », pour citer le titre du livre référence du Dr Gérard Zwang.
Pourtant, à l'échelle individuelle, si l'extérieur du sexe féminin est pour l'homme un sujet de contemplation sans fin, ce qu'il contient fait l'objet de toutes les interrogations. Entre curiosité et crainte, presque tous se rêvent en gynécologue susceptible, grâce à ses instruments – et en particulier grâce au célèbre spéculum –, d'explorer cette planète interdite ou, à tout le moins, méconnue. Et cet intérêt est d'autant plus vif que leur sexe va et vient (presque) comme chez lui là où leur œil n'est pas admis. D'où ce fantasme, plus répandu que ces messieurs ne veulent bien l'avouer, de l'œil-verge qui pénétrerait et observerait dans le même mouvement.

Une fois de plus, la technologie est venue à la rescousse des envies sexuelles les plus saugrenues. Il existe désormais des spéculums éclairants en vente libre dans la plupart des sex-shops, et même des caméras miniatures spécialement conçues pour une immersion dans l'univers sombre et humide de la cavité vaginale ! Grâce à cet œil de substitution, votre homme pourra véritablement fouiller votre vagin comme il partirait à l'assaut de la cave, torche en main. Cette intrusion, soyons honnêtes, peu de femmes la supportent, certaines la percevant même comme une forme de viol, de dépossession totale de leur sexe et de leur intimité. Je le comprends tout à fait. Après tout, irait-on glisser une caméra dans leur urètre pour voir d'où provient leur sperme ? Franchement ?
Votre partenaire ne devra donc ni insister ni vous tenir rigueur de votre éventuel refus. Votre vagin vous appartient, totalement, librement, et vous seule pouvez en disposer, qu'il s'agisse de son usage ou de son « droit à l'image » – si j'ose dire.

96 **Et son anus à lui, alors ?** Attention, sujet ultrasensible ! Prière d'enfiler ses patins et ses moufles en satin avant d'entrer ! Combien d'hommes avouent spontanément qu'ils apprécient les stimulations de leur anus ? Pourtant, après le clitoris et le gland du pénis, la région de l'anus est la plus sensible du corps humain, chez la femme comme chez l'homme. La plus sensible, c'est-à-dire l'une des plus riches en terminaisons nerveuses. Plus encore que chez la femme – chez qui le clitoris et son extrême sensibilité constituent une concurrence déloyale –, l'anus est une zone érogène explosive chez la plupart des hommes.

Or, pour ces messieurs, tout le problème, avant que de s'abandonner sans frein à de tels plaisirs, est bien sûr de savoir laisser au vestiaire la somme de leurs *a priori* socioculturels concernant cette partie de leur anatomie. Autant ils s'imaginent bien nous « socratiser » de temps à autre, autant leur anus doit rester mieux préservé que le saint-sacrement. « Pas un pédé, moi ! », entend-on grogner l'hétéro dans sa version homme des bois quand il s'agit d'en débattre.

Ah ! ces messieurs d'un autre âge ne savent pas ce qu'ils perdent, je vous le dis ! Car qui dit caresse ne dit pas nécessairement pénétration, et il est tout à fait envisageable de stimuler cette zone sans pour autant introduire le moindre objet dans le rectum de votre amant. Le summum de la stimulation anale masculine est l'anulinctus, c'est-à-dire la caresse buccale qui lui est appliquée. On l'appelle aussi communément la « feuille de rose » ou le « pétale de rose » (→ 28), parfois même la « rosette », en référence à la forme étoilée de l'anus, assez semblable à certaines fleurs.

Si vous êtes vous-même disposée à lui offrir ce plaisir – pensez à lui faire prendre une douche avant –, commencez par passer un doigt distrait sur la zone, l'air de ne pas y toucher. Proposez-lui un 69 – ils ne refusent jamais… – et, en pleine action, dégagez votre bouche de son sexe pour l'appliquer en douceur sur son anus. L'anulinctus se réalise avec une langue très pointue, dardée en avant comme la plume d'un stylo. Pour commencer, la langue peut effectuer un balayage de haut en bas, mais le plus apprécié des mouvements est généralement circulaire et concentrique, de plus en plus resserré autour de l'anus, jusqu'à pointer le bout de la langue à l'entrée de ce dernier.

97 **À la découverte de son point P...** Le point P ? « Mais où donc allez-vous pêcher de pareilles choses ? », vous demandez-vous. Le point P... comme « prostate », mes chères ! Mais n'allons pas trop vite en besogne et revenons-en d'abord un peu à nous les femmes – après tout, c'est la moindre des choses, non ?

Identifié dans les années 1940 par le gynécologue allemand Ernst Gräfenberg, le point G – j'ai bien dit « G », cette fois – est une zone du vagin située sur sa paroi antérieure, à 5 centimètres environ de l'entrée, et caractérisé par un relief légèrement bombé et une texture plus rugueuse que sur les autres muqueuses. Chez certaines femmes, cette zone serait si sensible qu'une stimulation prolongée pourrait conduire à l'orgasme sans stimulation du clitoris, mais il semblerait que toutes les femmes ne soient pas en mesure de confirmer la présence ou non dudit point dans leur vagin.

Bien. Alors, pourquoi parler pour l'homme d'un point P ? Parce que plus récemment a été établi que, chez les sujets mâles, une zone spécifique à l'intérieur du rectum procurait aussi un plaisir spécifique, parfois même assez violent. En effet, la région de la prostate est chez notre homme particulièrement sensible. À l'instar du point G dans le vagin féminin, cette zone se caractérise par un léger renflement à quelques centimètres à l'intérieur du rectum, sur la face avant de ce dernier. Un massage doux et régulier procure chez certains sujets un plaisir intense, proche de l'orgasme ressenti lors de l'éjaculation – d'où le surnom de « point G masculin » qui lui est parfois donné.

Or, la stimulation du point P a la caractéristique de ne pouvoir se pratiquer efficacement que par pénétration complète du rectum. Autrement dit, si monsieur peut tout juste prononcer le mot « anus », oubliez tout de suite ! En revanche, si vous avez déjà pratiqué avec lui quelques jeux dans la région (→ 96), vous pouvez aborder le sujet. S'il n'a jamais été pénétré, passer le cap ne sera pas plus facile pour lui que ça ne le serait ou ne l'a été pour vous (→ 94). Soyez donc aussi patiente et douce que vous voudriez qu'il le soit avec vous en de telles circonstances !
Enfin, sachez que les dernières recherches concernant le point G pourraient bien nous rapprocher, hommes et femmes, sur ce terrain spécifique. En effet, la dernière hypothèse en date est que la sensibilité particulière du point G féminin proviendrait de la persistance d'une forme embryonnaire de prostate – quasi invisible sur les clichés médicaux – chez certains sujets. Les femmes à point G seraient donc, en quelque sorte, un peu plus « garçons » que les autres ! Si ce n'est pas magnifique, tout ça !

98 **Vice versa.** « Vice versa » ? Oui, vous me semblez avoir bien compris de quoi je veux parler… Arrivée à ce stade, j'en vois quelques-unes refermer rageusement ce livre. Sodomie, spéculum et *tutti quanti,* passe encore, mais voilà que cette vieille chouette – ça, c'est moi ! – nous demande maintenant de travestir notre homme !
On se calme. Je ne vous demande pas de rejouer *Tootsie* ou *Madame Doubtfire* tous les soirs à la maison. Ce que j'essaie de vous dire, avec toute la subtilité et la diplomatie qui me caractérisent, c'est qu'en chacun de nos hommes réside une

part de féminité qui ne demande qu'à s'exprimer. Jusqu'ici, on est d'accord, non ? Or certains d'entre eux éprouvent le besoin de nous emprunter non seulement certains de nos sentiments ou de nos attitudes, mais aussi notre apparence. S'agissant de sexualité, ceux qui s'adonnent à de tels jeux ont simplement l'impression d'entrer dans notre intimité. Contrairement à une idée reçue, les hommes qui se travestissent de temps à autre ne sont pas des « folles », mais des hommes qui aiment tant les femmes qu'ils veulent en pénétrer tous les secrets, explorer la féminité sous tous ses aspects. C'est vrai, après tout ! Comment pourraient-ils savoir ce que ça fait de se faire arracher sa petite culotte s'ils n'en ont jamais porté eux-mêmes ?

Ainsi, aussi difficile à admettre que ce soit, le fantasme ultime de bien des hommes est d'être une femme ! Oh ! pas une femme qui fait la cuisine tous les soirs, qui s'occupe des enfants et se charge en outre des lessives et du repassage, non. Vous vous en doutez bien, vous qui cumulez, comme nous toutes, deux, voire trois journées en une. Mais plutôt cette femme coquine, sexy, belle, sûre de son corps et de sa séduction. D'où une prédilection toute particulière pour les sous-vêtements. Comme si, à leurs yeux, le soutien-gorge ou le string définissaient mieux la femme que la robe ou le chemisier…

Cela dit, la plus grande prudence s'impose. Suggérez à brûle-pourpoint un tel « déguisement » à votre homme, et vous pouvez être sûre de recevoir une volée de bois vert en retour. Il est fort à parier que, même si l'idée lui a déjà traversé l'esprit, et même s'il meurt d'envie de passer à l'acte, il ne vous l'avouera jamais. Pour l'inciter, le tenter, vous devrez alors user de cet artifice qu'est le jeu. S'il farfouille dans votre tiroir à dessous au moment où vous passez les vôtres, jetez-lui l'une de vos pièces les plus fines en le défiant d'un regard amusé : « Vas-y, puisque ça t'intéresse tant ! » Ou bien, quand il dégrafe votre soutien-gorge, saisissez-vous de ce dernier et amusez-vous, par bravade, à le ceindre autour de sa poitrine. Si c'est fait dans un éclat de rire, il y a peu de risques qu'il réagisse mal.

99 **Son fantasme rien qu'à lui.** Voilà. Avant de vous laisser tout à fait en tête à tête avec votre moitié, je tenais à vous donner un dernier petit conseil. Vous l'avez compris, toutes les suggestions des pages précédentes ne s'appliquent pas nécessairement à votre homme à vous – lui, là, celui qui sirote son whisky ou regarde son match de foot dans le fauteuil à côté du vôtre. Ces suggestions couvrent certes les fantasmes masculins les plus courants, mais, somme toute, quoi de plus différent d'un homme qu'un autre homme ? On a beau se plaindre entre copines que « tous les mêmes », que « pas un pour racheter l'autre », etc., on sait bien qu'au fond il n'en est rien et que, sur ce socle commun, chacun d'entre eux a bâti sa singularité. Ce qui fait qu'il est unique et que vous l'avez choisi, lui et pas un autre.

Alors, pour le combler tout à fait, vous devrez pour finir apprendre à vous défaire des formules toutes faites, pour découvrir ce désir, cette envie, cette petite perversion qu'il est le seul à connaître, et peut-être même le seul à fantasmer de la sorte. Est-ce un scénario, une situation, un accoutrement ou je ne sais quelle position acrobatique aperçue, adolescent, sur une estampe japonaise ? Peu importe. L'essentiel est que vous parveniez à l'identifier.

Bien sûr, comme rien n'est jamais donné tout cru en la matière, ne comptez pas sur lui pour vous en donner la clé. Vous pensez bien que ce petit secret, il le garde jalousement, comme un bonsaï cultivé jour après jour dans son jardin secret. Alors, avec tout l'amour et toute la ruse dont vous êtes capable – vous êtes une femme, oui ou non ? –, vous allez devoir enquêter, éliminer les pistes les plus évidentes, envisager l'inenvisageable. Attention ! Dans les méandres de sa libido peuvent se cacher des images qui vous surprendront, qui, peut-être, vous heurteront même. Mais il vous faudra passer outre à ces réticences.

Pour vous aider dans votre « chasse aux fantasmes », voici pour conclure quelques axes à explorer. Tous ne seront pas nécessairement utiles, et il faudra peut-être en combiner certains. À vous de tester, de tâtonner, et qui sait ? d'inventer !

• Exaltation des sens : ouïe (mots crus, bruits du coït...), vue, odorat (odeurs intimes...), toucher et goût.
• Incarnation d'un personnage : un archétype (une profession, notamment), un personnage historique, un contemporain célèbre, voire une personne de votre entourage.
• Contexte, décor, environnement.
• Vêtements, textures, matériaux.
• Postures, positions, supports, lieux.
• Pratiques ou stimulations spécifiques.
• Usage d'objets ou d'accessoires.
• Scénario « original » ou inspiré d'un récit connu (roman, cinéma...).

Pour l'éditeur, le principe est d'utiliser des papiers composés de fibres naturelles, renouvelables, recyclables et fabriquées à partir de bois issus de forêts qui adoptent un système d'aménagement durable.

En outre, l'éditeur attend de ses fournisseurs de papier qu'ils s'inscrivent dans une démarche de certification environnementale reconnue.

Photocomposition Nord Compo

Imprimé en Allemagne par GGP MEDIA GMBH

Pour le compte des Éditions Marabout

Dépôt légal : juin 2009

ISBN : 978-250-105961-9

40.7914.1

Édition 01